MES
COLMARIENNES

OU

LE SOLITAIRE DES VOSGES.

I.

Imprimerie d'A. BERAUD,
rue du Foin St.-Jacques, n°. 9.

1.er VOL.e   Pag. 28.

Choquet del.   Gabriel sculp.

Elle priait pour le repos et le bonheur de son père,
dans la vie que nous ne connaissons pas.

MES
COLMARIENNES

OU

LE SOLITAIRE DES VOSGES,

ROMAN HISTORIQUE,

PRÉCÉDÉ D'UNE NOTICE ET DES NOTES SUR L'ALSACE,

Avec 5 gravures d'après les dessins de Choquet ;

Par L. THURMANN.

TOME PREMIER.

PARIS,
MASSON, LIBRAIRE,
RUE HAUTEFEUILLE, N°. 14.

1824.

INTRODUCTION.

L'ouvrage que l'on va lire est malheureusement historique : cependant j'ai tâché de lui donner, autant que possible, la nuance à la mode. J'annonce donc que ce sera comme un mélodrame, parce que c'est un genre qui a bien du mérite, surtout quand c'est du sublime comme dans le *Remords*, les

Inséparables et l'*Auberge des Adrets*. Il y aura plus de cinquante-trois assassinés, vingt-cinq empoisonnés, trente suicides, septante-neuf enterremens, cent deux jugemens à mort ; il y aura des brigands honnêtes, et des voleurs mauvais sujets; il y aura des ombres qui dîneront, et des revenans qui rouleront en diligence ; il y aura des grottes secrètes, des duels, des billets doux, des déclarations d'amour, ce qui ne s'est jamais vu; des enlèvemens, mais d'une manière toute nouvelle; des évanouissemens, des faiblesses, des pamoisons; il y aura des descriptions originales du matin et du soir; le Zéphir; l'Aurore qui sème des roses avec ses pieds couleur de chair : bref, il y aura tant de choses, qu'on n'y comprendra rien, et qu'on bâillera tant, que ce sera comme à la première représentation d'une espèce de tragédie d'un bon homme de lettres, que l'on n'a pas besoin de nommer.

ESPÈCE

D'AVANT-PROPOS.

Le printemps venait ranimer la nature. Tout le vallon était parsemé de pacrettes et d'hépatiques. Aux pieds des chênes, qui se paraient d'une verdure nouvelle, s'ouvraient l'anémone des bois et la pervenche azurée : une douce chaleur avait succédé aux âpres frimas, et le vent du matin balançait avec amour les premières fleurs de l'année. Cependant, sur les hautes montagnes, entre les rochers des Vosges, la neige brille aux rayons du soleil; et l'hiver la trouvera fidèle quand, à son retour, il soufflera dans l'air les feuilles du peuplier, et qu'il blanchira les prairies maintenant verdoyantes.

<blockquote>
Saison d'amour, Printemps charmant,
Que j'aime ta douce présence !
Pourquoi n'es-tu que d'un moment,
Frère aimable de l'Espérance?
Quand tu ranimes tous les cœurs,
Quand ta main répand sur la terre
Le plaisir, l'amour et les fleurs,
Pourquoi passer comme une ombre légère ?
</blockquote>

<blockquote>
Tu fuis, pareil au vain plaisir
Qui séduit notre âme enchantée;
Et quand nous croyons le saisir,
Il n'en reste que la pensée.
Du moins si tes momens sont courts,
Tu sais parer le temps volage;
Tu nous amènes les beaux jours,
Et tout s'éveille aux lieux de ton passage.
</blockquote>

A ton ordre le vent se tait,
L'hiver n'afflige plus la terre;
A ton souffle la rose naît,
Et l'on voit fleurir la bruyère.
Le pourpre des bourgeons naissans
Se change en riante verdure;
Tu fais croître l'épi des champs,
Tu ceins de fleurs le front de la nature.

Salut à toi, tendre Printemps,
Ame de la mélancolie,
Viens embellir le peu d'instans
Que nous avons en cette vie;
Viens, rayonnant de tes appas,
Éblouir nos yeux de tes charmes;
Sème des roses sur nos pas,
Et si tu fuis, du moins sèche nos larmes.

Saison d'amour, Printemps charmant,
Que j'aime ta douce présence!
Pourquoi n'es-tu que d'un moment,
Frère aimable de l'Espérance?
Quand tu ranimes tous les cœurs,
Quand ta main répand sur la terre
Le plaisir, l'amour et les fleurs,
Pourquoi passer comme une ombre légère?

Ainsi chantait, dans le ravisse-

ment de son imagination, le jeune
Edouard d'Altorf, et près de lui
son ami Charles le suivait en exa-
minant les rochers de la montagne.
L'un était enthousiaste du beau,
sauvage comme la solitude, exalté
au plus petit souvenir; il s'occupait avec avidité des antiquités et
des histoires de son pays : l'autre
était à la fois sensible aux merveilles de la nature, et indifférent à
ses plus riches tableaux ; son cœur
était bon, son âme généreuse; mais
il ne savait pas s'enthousiasmer, il
était flegmatique en ses plus douces
sensations, et se concentrait tout entier dans son étude minéralogique.
Tous deux travaillaient à l'histoire
naturelle : Charles brisait les pier-

res, cherchait les cristaux pour enrichir sa collection ; Edouard courait après les insectes, cueillait les plantes rares: et chacun, en se livrant ainsi à ses goûts favoris, exploitait les beaux sites qu'il parcourait, et se communiquait l'un à l'autre ses précieuses découvertes.

Ils étaient maintenant sur la montagne d'Ingershem. Le village de ce nom était au-dessous d'eux. Au milieu des rocs et des prés fleuris croissaient des chênes et des sapins. A leur droite, on distinguait la profonde caverne du Dragon, où l'on descend à travers des cailloux pointus et des rochers calcaires. Devant eux s'élevait dans le lointain, sur une cime conique, le château de Plixbourg qui semblait se perdre dans la nue en s'effaçant avec l'horizon : on distinguait encore Nidermorschwir bâti sur le penchant des Vosges, et le couvent de la Vierge moissonneuse dont le clocher étincelait aux rayons du soleil. Tout le fond de la vallée offrait un frais paysage, de fertiles prairies arrosées par les sources de la montagne, entrecoupées de saules et de quelques champs cultivés.

Charles et Edouard, amis dès l'enfance, contemplaient leur belle patrie et les charmes que le printemps répand sur les moindres compositions de la nature ; et ils continuaient leur chemin, car ils voulaient arriver avant la nuit au village de Katzental, situé derrière la caverne dans une profondeur. Le temps passe bien vite quand on est occupé, et que sa succession de durée est embellie par les rêves de l'imagination. Aussi le soleil disparut derrière les hautes chaînes des Vosges trop tôt pour les deux voyageurs; ils descendirent la montagne, et jetant un coup-d'œil sur la tourelle funeste, si justement appelée dans le pays *Hacksturn,* tour des sorciers, ils entrèrent dans Katzental pour y passer la nuit. Ce village est petit, mal entretenu, et n'est remarquable que par sa situation et le château qui le domine.

Ouvrez, ouvrez, dit Édouard en

frappant à coups redoublés contre la porte d'une auberge déjà fermée. — Que veux-t-on? demanda un homme de la fenêtre. — Un gîte pour la nuit. — Et qui êtes vous? — Vous le verrez, ne craignez rien. D'une main tremblante l'hôte fit mouvoir les verroux de sa porte, et il présenta un fusil armé au deux voyageurs qui ne s'attendaient guère à cette réception hostile. — Si vous êtes des honnêtes gens, entrez ; si vous êtes des fripons, malheur à vous! Stéphane, ainsi se nommait ce singulier aubergiste, après avoir examiné attentivement les deux jeunes gens, les fit grimper un escalier tournant, et ils arrivèrent dans une salle remplie de bancs et de tables. Stéphane plaça son fusil dans un coin, alluma sa pipe, et pria très-poliment ses convives de dire ce qu'ils souhaitaient pour leur souper. — Et qu'avez-vous, s'écria Charles qui mourait de faim?—Demandez, Messieurs, on vous servira. — Pouvez-vous nous donner une omelette?—Nous n'avons pas d'œufs, mais demandez seulement, on vous servira.— Eh bien, cuisez-nous des pommes terre?—Nous n'avons pas de pommes de terre; mais demandez seulement, on vous servira.—Faites-nous du moins une soupe au lait.—Nous n'avons pas de lait; mais demandez seulement, on vous servira. — Avez-vous de la viande? — Non, nous n'avons pas de viande, c'est maigre aujourd'hui; mais demandez seulement, on vous servira. L'impatience allait emporter Edouard moins calme que Charles, mais il se contint. Vous n'avez donc rien; apportez-nous, puisque vous manquez de tout, apportez-nous du vin, du fromage et du pain. — Ah ! Messieurs, nous n'avons ni vin, ni fromage. Attendez, il nous reste des pommes et des noix, j'ai de l'excellente bière en bouteille : je vais quérir tout cela.

Stéphane sortit et laissa Edouard rire aux larmes ; quant à Charles, il s'était mis à observer attentivement ses pierres, et il ne pensait plus ni à son appétit, ni à sa fatigue.

— Voici des pommes comme vous n'en verrez plus de longtemps ; elles ont mûri au soleil levant, et leur saveur est égale à leur bonté. Voici de la bière de Schmutz le fameux brasseur, et je n'y ai mis de l'eau que deux fois, quand elle voulait fermenter ; enfin, voici du pain de fécule que je fais moi-même. — Préparez-nous une chambre, de la chandelle, un lit, et hâtez-vous. — J'ai songé à tout cela, j'ai donné mes ordres à Cattie: ainsi, Messieurs, vous ne m'en voudrez pas si je vous fais faire si mauvaise chère, puisque je tâche, par mon zèle, de me rendre agréable à vos yeux. — Oh! parbleu, nous ne nous plaignons pas! — Votre bière n'est pas mauvaise, allons, à votre santé.—A la vôtre, mes braves Messieurs. — Et que fait-on dans Katzental? — Mais on travaille, on taille les vignes, on coupe du bois, on laboure les champs. — Est-il vrai qu'il y a des esprits dans le château qui est au haut de la montagne? je ne l'ai pas voulu croire.—Ecoutez, entre nous soit dit, je n'aime pas ces tours, ces repaires de voleurs et de revenans. Je ne sais ni lire, ni écrire, de quoi je me flatte, parce que la science mène en enfer, aussi je n'ai jamais cherché à connaître l'histoire de Haksturn; mais, si vous voulez, je vous indiquerai un Monsieur qui loge au commencement du village : celui-là est un érudit ; il passe ses jours à feuilleter dans les grands livres; il voyage souvent, et vous racontera toutes sortes de choses qui sont très-vraies, à ce qu'il assure ; et je le crois, car c'est le frère de notre curé.—Comment se nomme-t-il?—Monsieur Speisser : c'est un bien aimable et bien complaisant garçon. On dit qu'il est un peu fou, mais cela ne gâte pas son caractère. — Eh bien, Charles, demain au grand matin nous allons visiter Haksturn, et delà nous nous rendons chez monsieur Speisser. — Je le veux bien, répond Charles qui venait seulement de sortir de ses méditations minéralogiques, et qui avait soufflé au chalumeau plusieurs cristaux de chaux fluatée.

La jeune Cattie vint en ce moment annoncer que la chambre de ces Messieurs était prête. Edouard paya la dépense, car ils devaient partir dès l'aurore, et sans doute M. Stéphane n'eût pas été d'avis de se lever pour les attendre. La nuit se passa paisiblement; des songes rians embellirent le repos des deux amis, et l'aube commençait à blanchir lorsqu'ils se réveillèrent.

Une vapeur légère était répandue dans l'atmosphère. Tout était encore humide de rosée : six heures venaient de sonner à la chapelle de Katzenthal. — Partons, dirent ensemble Charles et Edouard. — Qu'il me tarde de connaître M. Speisser, de savoir les histoires de ce château ! — Il est vrai que je suis assez curieux de parler à cet amateur. Ce sera, sans doute, quelque magister plus savant que les paysans du village. Vois-tu, Edouard, cet effet de lumière dans les prés ? remarque l'auréole lumineuse qui t'entoure. — Tu as raison, c'est un feu blanchâtre, d'où naît cet étrange phénomène. — C'est la rosée et les rayons du soleil qui opèrent tout le prodige, d'autant plus curieux, que tu n'aperçois pas l'auréole qui m'environne, et que je ne puis non plus apercevoir la tienne. — Nous voici dans la forêt : encore quelques momens, et nous entrerons au castel. Regarde comme tout est beau et mélancolique en poussant plus en avant vers les ruines. La main des hommes n'a pas troublé cette solitude. Ecoute l'épervier qui pousse des cris perçans ; tiens, il s'abat sur la tour, il plane maintenant.... O mon cher Charles ! que mon cœur éprouve une douce émotion ! ne sens-tu pas l'effet de cette nature sur le tien ? Le vent balance les guirlandes de lierre qui se suspendent d'elles-mêmes aux créneaux gothiques ; les primevères nous envoient leur odeur embaumée. Que tout est tendre, amoureux, à ce premier réveil du jour et de l'année!—Et que je suis content, je viens de trouver un schiste micacé superbe. — Il est bien question de schiste, quand tout transporte l'âme sensible. Maintenant, nous touchons aux remparts de la chevalerie; maintenant, nous allons fouler la cendre des braves, et marcher parmi les décombres de la grandeur. Charles n'entendait pas les déclamations de son compagnon : armé d'un marteau d'acier, il brisait une roche calcaire, composée de fossiles et de fragmens de coquillages. Edouard, arrivé à la petite porte, l'appelle : Charles ne répond pas, et le jeune enthousiaste s'élance dans Haksturn; il saute de pierre en pierre, de ruines en ruines; il est au pied d'un rocher sur lequel est flanquée la tour. Il s'arrête devant ce colosse des âges, et son oreille croit ouïr encore la marche de la sentinelle, dans les tourelles retentissantes du donjon. Un silence monotone règne dans la cour de ce vieux castel; l'épervier seul continue de crier dans l'air, et la brise du matin, de gémir dans les meurtrières des remparts. Tout à coup Edouard a cru distinguer des pas précipités; il tourne les yeux, il observe les salles poudreuses, les voûtes; il ne voit personne. Mais une voix s'élève, une voix répétée par l'écho solitaire a prononcé un nom inconnu, celui de Moïna.

Edouard veut que son ami partage sa surprise, il vole au-devant de lui, il lui raconte ce qu'il vient d'entendre. — J'étudiais la formation des terrains, lui répond Charles, et il est très-probable que l'eau a séjourné sur cette hauteur, car on y trouve des cailloux roulés, des gallets et des pouddings. — Mais je ne te parle pas du déluge, il s'agit d'événemens intéressans: suis-moi sans bruit, je te promets un grand plaisir, si tu es un tant soit peu curieux. Il y a quelqu'un dans le second mur près de la tour, et ce quelqu'un me paraît un amant malheureux, ou je ne sais qu'en penser; car il a proféré deux fois le nom de Moïna. — Moïna, qu'est-ce donc que cette folle? c'est encore une héroïne de roman. — Ma foi ! éclaircissons-nous.

A ces mots, Edouard s'accroche aux angles des murs, et parvient non loin de la tour: quel est son étonnement en apercevant un original, vêtu grossièrement, la tête couverte d'un bonnet de poil, des lunettes sur les yeux, occupé à écrire ! Il tend les mains vers le ciel, il soupire, il appelle encore Moïna, et recommence son travail. Charles avait bien de la peine de ne pas rire : Edouard s'imaginait rencontrer un Scalde de l'ancienne Germanie. Soudain l'étranger tourna la tête, apercut ces deux jeunes gens qui l'observaient, et aussitôt il se leva, prit son bâton, cacha ses papiers avec soin dans un porte-feuille, et se sauva à toutes jambes.

Eh bien! que dis-tu de cet être mystérieux?—C'est un poëte, un fou : je ne donnerais pas une topette d'ammoniac pour sa charmante Moïna. — Si, cependant, c'était-là M. Speisser?—Que m'importe que cet original s'appelle *Speisser* ou *Moïna*! — Mais, sais-tu que je meurs d'envie d'aller lui rendre visite?— Comme il te plaira ; mais ne perdons pas notre temps inutilement. Là-dessus, sans avoir parcouru le château, Edouard emmène son ami et s'éloigne dans l'intention de regagner Katzenthal.—Arrangeons-nous, va trouver ton antiquaire, moi je continuerai mes recherches minéralogiques : nous nous rejoindrons ce soir à l'entrée du village. Edouard s'empresse de gagner la maison jaune, où il prétend se divertir poétiquement ; et Charles rentre dans les chaînes de rocher que son marteau va exploiter.

L'homme du château était en effet M. Speisser : Edouard ne s'était pas trompé ; il avait encore son même bonnet, ses lunettes, sa veste vert-de-pré, et son portefeuille attaché sur le dos. Il était debout dans sa cour, les bras croisés, les yeux fixés sur les tourelles de Haksturn. A l'aspect d'Edouard, il fronce le sourcil. — Le jeune d'Altorf lui explique le motif qui lui procure l'avantage inexprimable de faire sa connaissance; il se dit poëte et ami des antiquités. Enfin, M. Speisser, charmé des complimens qu'on lui adresse, adoucit son regard ; et, saluant Edouard : Il est bien vrai, Monsieur, que c'est un heureux hasard qui vous amène dans le temple de la science. Vous êtes chez un antiquaire aussi distingué par ses découvertes que par son génie, et j'espère que vous pourrez en juger avant la nuit.

Un tel langage annonçait un mérite bien présomptueux, et Edouard

aurait été embarrassé de répondre :
mais M. Speisser ne lui donna pas
le temps de parler ; et, l'ayant fait
monter dans son appartement, à
travers des pierres sans nombre,
des statues mutilées, des armes
rouillées et des livres vermoulus,
il lui versa un verre de vin chaud,
et commença sans préambule à lui
détailler toute la généalogie des évêques de Strasbourg; ensuite, ouvrant
la fenêtre qui donnait sur la montagne.—Mon ami, le monde me sera,
un jour, redevable d'une découverte
aussi utile qu'importante. A force
de peser la valeur des chroniques
des siècles passés, et d'étudier les
ruines, je suis arrivé à un tel point
de perfection dans les connaissan-

ces historiques, généalogiques et antiquaires, que l'Alsace, et j'ose présumer, la France, me remplaceront difficilement après ma mort. J'ai dérouté nos savans, et c'est pour cela que l'envie me persécute. Figurez-vous que l'on me conteste une trouvaille dont je suis fier, et qui fait étouffer de jalousie mes collaborateurs. Ils ont toujours soutenu que la capitale de l'ancienne Alsace était, soit à Horbourg, soit à Colmar; j'ai démenti Danville lui-même, et, maintenant, il n'est plus à douter que la superbe Argentuaria ait été au lieu même de ma maison. Voyez-vous ces pierres, ces briques, ces pieux noircis par le temps? Mon cher, j'ai fait une

fouille, j'ai dépensé pour cela cinq mille francs ; mais aussi, quelle gloire j'en ai retirée ! Cela vaut bien mon argent et les intérêts encore ; ainsi, cette montagne n'est pas ici d'antique origine, elle fut apportée par une révolution du globe, et certainement, si l'on parvenait à enlever ces hauteurs, on trouverait les restes de l'Argentuaria, dont une partie est dans ma cour : j'en suis d'autant plus persuadé que j'ai les ossemens d'un Romain, également déterré dans ce lieu. Jugez, Monsieur, si j'ai du mérite, et si vous êtes bien tombé pour apprendre les histoires curieuses du pays.
— Mais, Monsieur, est-il de conséquence de savoir où se trouvait

jadis Argentuaria? Je crois que cela n'a guère d'intérêt que pour l'amateur frivole. — Comment donc? les conséquences que je tire de la localité d'Argentuaria sont à la fois politiques, historiques, religieuses, chronologiques et morales. Au surplus, je conçois bien qu'une jeune tête comme la vôtre ne pénètre pas dans les profondeurs de la science : on ne sent qu'à demi à votre âge, et l'enthousiasme de l'adolescence est purement chimérique, parce que les sens seuls éprouvent des modifications, et que l'attention dort; mais quand la raison est venue, qu'elle préside aux grandes secousses que ressent le cœur de l'homme, alors c'est tout différent. — Au mérite d'être antiquaire, vous joignez celui d'être philosophe. — Oui, Monsieur, très-philosophe, très-philosophe ! et il est bien difficile à un homme qui médite sans cesse sur les vicissitudes du monde matériel et pensant, de ne pas s'enfoncer dans les routes de la philosophie. Mais ne croyez pas que je me borne à la simple recherche des antiquités : le ciel m'a fait poëte ; et mon imagination, exaltée par les ruines et la contemplation, me fait faire des productions dont on me contestera difficilement le charme et l'intérêt.

Il y a bien des auteurs qui se louent comme M. Speisser : ainsi, l'on ne trouvera pas étrange que Edouard ne s'en soit pas étonné. Pardonnez à mon indiscrétion, mais je ne puis résister à l'envie de connaître vos ouvrages. — Un moment, mon cher ami, vous dînerez avec moi, je vous conduirai auparavant dans mon muséum, et, pour le dessert, je vous lirai une Nouvelle qui ne manquera pas de vous toucher : vous verrez.—Thérèse, vous mettrez à la broche les deux ramiers que j'ai tués hier, vous cuirez des laitues et des carottes; n'oubliez pas de nous apporter des truites, et un pâté de truffes de Coiffier le bon faiseur : que tout soit prêt pour midi et demi, m'entendez-vous ? Maintenant, Monsieur, je suis à vous, et nous allons pénétrer dans l'asile des ruines et des grands souvenirs.

Edouard suivait l'antiquaire avec une vive curiosité; il s'attendait à voir tout ce qu'il y avait de plus rare en Alsace, toutes les richesses des vieux siècles, et il se replaçait en idée au temps de la Rauracie, des Césars, des Mérovingiens et du despotisme allemand.

Il lui fallut, au risque de tomber une trentaine de fois, traverser un long corridor rempli de portraits, de sculptures, de pierres et de vases, pour parvenir au lieu tant desiré. Speisser ouvrit doucement la porte, et pria son compagnon d'ôter ses souliers. — Jamais la

poussière de mon musée n'a été
soulevée ; jamais un balai n'approcha de ce sanctuaire des âges :
respect ! — Et le premier, il salua
profondément les restes que sa
main avait arrachés aux outrages
du temps. Edouard ne concevait
pas la conduite de son hôte ; cependant il imita son exemple pour
l'obliger. Speisser tira un rideau
de soie verte sur lequel était peint
un chevalier ; et, se jetant au cou
du jeune homme : O Monsieur !
voici le seul endroit de la terre qui
plaise à mon cœur ! avancez, je
vais vous expliquer tous les objets que je possède. Là-dessus,
il indiqua du doigt un tableau de
peu d'apparence. Voilà, dit-il, la

fameuse pierre de tonnerre, copiée d'après nature, dont vous aurez entendu parler par tous les géognostes et les minéralogistes de la France. Cet aérolyte, tombé dans le quinzième siècle, à Ensisheim, a plus de célébrité qu'on ne pense. Il servit en 1492 à réveiller le courage, à fanatiser le zèle des peuples que Maximilien voulait croiser contre les Turcs. Les savans de Paris en ont fait l'emplette, et de cette manière, la bibliothèque de Colmar a perdu un objet digne de curiosité. Ce portrait enfumé, que vous regardez avec mépris, est un morceau précieux pour tous les connaisseurs : c'est la tête ressemblante d'Attila, lorsqu'il vint fondre sur l'Alsace. Le peintre lui a mis des ailes de pigeon; mais ce caprice ne gâte pas le tableau. Ceci est le plan d'Argentuaria, comme j'ai l'évidence qu'elle se trouvait: c'est très-bien tracé, et j'en suis l'auteur. Admirez cette statue du dieu des Celtes, Krutzman, la plus implacable et la plus fière de leurs divinités; voyez cette peau d'ours qui couvre le dos de ce fort guerrier, et la massue qu'il tient prête à mettre ses ennemis en poudre. Cette statue de bronze antique est unique dans son espèce, et je suis le seul qui puisse me vanter de posséder Krutzman. Cette tuile, qui vous paraît de peu de valeur, est de toute ancienneté; je me suis laissé persuader, à force d'indices, qu'elle couvrait le toit de quelque cabane avant le déluge, et j'ai trouvé ce que je dis dans les expériences que j'ai faites. La terre dont elle est fabriquée, date d'une époque où le globe n'avait pas encore subi de révolutions. On ne rencontre dans sa composition aucune particule de débris : donc elle vient d'avant le déluge. Sans doute que des pêcheurs habitaient cette contrée ; car je n'admets pas un homme seul comme l'avance Moïse. Il est évident que le monde était peuplé universellement de toute éternité, ainsi n'en parlons plus. Vous serez peut-être curieux de savoir d'où j'ai cette tuile. Eh bien ! Monsieur, imaginez-vous qu'elle fut ramassée par un paysan qui creusait une fosse, au pied d'une montagne inhabitée. Convenez avec moi, que cette tuile vaut son pesant d'or, et que je suis bien heureux de la posséder.

Speisser fit encore remarquer à Edouard un grand nombre de merveilles, et ne manqua pas de leur donner du mérite; il loua surtout deux tableaux de Schœn, peintre alsacien, et qui représentaient, l'un l'Ascension, et l'autre la Résurrection de Jésus-Christ. Les armes de Barbe-Rousse, attachées en forme de trophée, donnèrent lieu à une source intarissable de paroles sublimes. Speisser avait placé dans un même endroit le casque de St.-

Grégoire, lorsqu'il combattait au champ du Mensonge, près de Sigoltzheim; la camise du vaillant Pumpernanstork; le sabre d'Herman; le cœur d'Otilie, épouse de Hugo, comte d'Exheim; une porte du château d'Isenbourg, bâti par Dagobert II; la crosse de Léon IX, pape, né aux trois tours d'Exheim; des statues de Mercure, de Mars, trouvées à Horbourg; enfin, une immense collection de médailles représentant Rodolphe de Hapsbourg, Henri V, Frédéric II, confondues avec des bronzes romains et des colonnes milliaires.

Edouard était en extase devant ces monumens, et Speisser continuait le fil de sa narration, lorsque Thérèse sonna le dîner, et rappela ces deux mortels à eux-mêmes. — Vous sortez à regret de mon cabinet, et j'en étais persuadé d'avance. Heureusement que nous allons établir compensation à cette privation, en mangeant bien et sans façon. Ne vous gênez-pas, car je suis chez moi comme un Lacédémonien : j'ai changé l'ordre de mon service par rapport à vous; mais de coutume je vis sobrement, je me nourris de brouet spartiate; enfin venez, nous boirons ensemble de l'hippocras à la santé des antiquaires et des gens d'esprit. Le repas fut gai, mais toute la conversation roula sur les ruines et les vieilles chroniques. Arrivé au dessert, Speisser ne put contenir son envie. — Maintenant je vais vous lire quelques nouvelles de ma façon. Nous sommes seuls, personne ne nous dérangera ; ainsi nous ne risquons rien de passer notre temps agréablement. Speisser jeta un coup-d'œil orgueilleux sur sa bibliothèque manuscrite. — Voilà mon trésor ! s'écria-t-il : avec cela je braverai du temps l'irréparable outrage ; j'écris en vers, en prose, en français, en allemand, en grec, en latin : il n'est pas une langue que je ne possède ; mais sans doute vous préférerez votre idiome aux langues étrangères. Nous allons donc prendre ce volume qui contient cinq cent septantesept Nouvelles instructives et amusantes. C'est tout ce que l'on peut voir de plus original, de plus nouveau et de plus romantique. Nous préluderons par une petite Notice sur l'Alsace, et nous lirons ce qui nous semblera le plus amusant. Aussitôt Speisser ouvrit son manuscrit, et commença une lecture qui ne finit que fort tard, et qui n'amusa pas toujours le jeune auditeur.

———

*

NOTICE HISTORIQUE

SUR

L'ALSACE.

Je n'ai jamais pu comprendre d'où vient l'indifférence des Français pour leur histoire, et pour les souvenirs des monumens gothiques qui couvrent leur patrie. C'est à peine s'ils daignent jeter les yeux sur ces vieux châteaux d'antique mémoire, qui rappellent tant de choses, et sont comme d'anciens témoins des âges pour dire aux générations ce que le temps fait oublier : ils n'aiment que ce qui n'est pas d'eux. On croirait qu'il leur faut des pays lointains, des régions inconnues pour mériter leur attention ; ce qu'ils voient autour d'eux, ces cascades, ces rochers, ces bois sombres, ces ruines silencieuses ne les intéressent pas. Coupable citoyen, qui ne s'inquiète pas des braves qui jadis ont illustré sa terre natale! il va visiter des contrées éloignées, sous un ciel de feu, au milieu des déserts. Il pense avoir tout vu, tout fait, quand il s'est perdu au pied des Pyramides ; quand il s'est assis sous le palmier ou à l'ombre d'un baobab. Il fait ouvrir le sein d'une terre étrangère, il fouille au milieu de la poudre et des débris: une pierre l'arrête, quelques signes grecs sont pour lui des trésors! il passe les mers, les sables brûlans, il rapporte en triomphe l'inutile épitaphe qu'il ne céderait pas au prix de ses jours; et, fier de sa richesse, le voilà qui marche devant les créneaux de ses montagnes, au milieu des chênes touffus de ses bois, près des vieux temples de ses aïeux, et il n'a songé qu'à sa pierre grecque.

Ah! sans doute les cendres d'Athènes, les ruines de Corinthe et de Misithra méritent bien l'amour et l'admiration des Français. Comme un de leurs grands hommes, je voudrais réveiller Léonidas sur les remparts détruits de Lacédémone ; je me plairais à rêver sur la tombe de Thémistocle, aux lieux où Priam, entouré de ses cinquante fils, donnait des lois à la superbe Troie ; mais la Grèce n'a pas tout mon cœur, et les castels de la France, les colonnes de César, les autels druidiques, les temples romains, les tours gauloises, les monastères des rois déchus, sont assez intéressans pour exciter mon enthousiasme.

Mais de toutes ces vieilles provinces, que les fils de Pépin et de Capet ont réunies en un seul royaume, l'Alsace est, selon moi, une des plus merveilleuses comme une des plus intéressantes par ses annales. C'est là que l'imagination erre de castels en castels; que tout s'allie pour charmer l'amant des ruines et de la solitude.

Belles campagnes, champs fortunés, sources mousseuses, limpides ruisseaux, remparts de la vaillance, je vous salue ! Reçois mon hommage, patrie d'amour et de liberté où se retrouvent tout ce qu'aime l'âme sensible, tout ce que désire la vertu, tout ce que recherche le poëte, toutes les fleurs dont Clio tresse sa blonde chevelure !

Voyez-vous, au milieu des vastes solitudes de la Rauracie, pendant que Rome est à ses premiers lustres, alors que Cincinnatus balançait entre sa charrue et l'Etat, et qu'un père enfonçait le couteau dans le cœur de Virginie ; voyez-vous les Celtes sur le bord du Rhin, possesseurs de l'Alsace, cachés dans les antres, au fond des cavernes, se réunissant le soir aux rochers du Druide, et, d'une voix farouche, entonnant le cantique de leur dieu : « Hon tad pehudy sou en efaou. » La prophétesse inspirée va s'asseoir sur les gallets que le Rhin lance au rivage; là, environnée de saules et de sable, elle appelle à grands cris la lune qui s'avance dans l'horizon; elle dénoue ses longs cheveux, elle entre dans un mystérieux délire, et bientôt, aux pâles rayons d'Hécate, annonce aux guerriers qui l'écoutent les succès futurs de leurs armes. Ses conseils seront suivis : les hommes ont saisi leurs javelots; ils partent, ils s'enfoncent dans les forêts. Guerre! guerre! La victoire couronne leurs efforts, ils rapportent le crâne des vaincus, et c'est à l'autel de la divinité qu'ils vont suspendre leurs odieux trophées.

Ce temps de barbarie effraye, mais il donne à penser: il présente les ébauches d'un grand tableau, que la main des siècles doit achever.

I. 3

Il nous reste peu de vestiges de cet âge reculé; les collines celtiques de Jebsheim, les rangées circulaires de pierres où l'on présume que les Druides avaient leurs autels et quelques noms ignorés; ce Colmar ou Calmar si renommé dans la poésie scandinave; ce Brisack qui, en langue celtique, peint sa situation au milieu des eaux; plusieurs autres villes encore sont de faibles restes d'une époque à la fois guerrière et poétique.

Lorsque les Romains, guidés par l'ambition et la gloire, eurent tourné leurs armes contre les nations de la Gaule, on vit ce qu'osent des hommes qui défendent leur patrie et leur indépendance. Arioriste avait quitté l'Helvétie, et César paraissait sur le Rhin; ce fier conquérant eut bientôt soumis les rebelles; la Rauracie salua les aigles romaines; César y fixa son séjour. Auguste, après lui, vint parcourir la Gaule : Tibère, Claude et ses successeurs firent abattre les forêts sacrées des Rauraques; le christianisme naissant se répandit jusque dans les Vosges. Saint-Pierre vivait encore, et déjà Materne, son disciple, prêchait aux idolâtres le culte d'un seul dieu.

Oh! que j'aime à contempler Germanicus dans ma patrie! le voilà disputant aux peuplades sauvages un reste de licence grossière qu'ils appellent liberté! le voilà cet espoir de Rome, élevant des cités au milieu des plaines incultes, polissant une nation sans mœurs! et par ses bienfaits il ne les voit plus, le fer en main, affronter le trépas, mais, reconnaissans et soumis, implorer à ses genoux une grâce qu'ils étaient sûrs d'obtenir.

Lève-toi, vieille capitale de l'Alsace! Argentuaria, Mandeure, Augusta, levez-vous! tombez, chênes antiques, épaisses forêts, sombres retraites! et vous, campagnes stériles, croissez maintenant que les soins et la culture vont réclamer votre fécondité. Le vaste désert a fait place à la plaine fertile; le laboureur s'essaie et regarde, étonné, les sillons qu'il laisse derrière lui; l'agricole quitte au matin sa chaumière pour parcourir ses champs, où déjà la nature s'est prêtée à ses désirs. Il y a dans ce moment de l'histoire une demi-teinte de civilisation qui s'ajoute bien au tableau : le pays est riant, quoique sombre par les orages qui grondent de toutes parts ; la vie anime la solitude : tout s'est peuplé, tout a pris une figure nouvelle. Mais, quel signe éclatant brille dans la nue ! la croix du Christ apparaît au monarque de Byzance : *Hoc signo vinces* ! Voilà quelle voix parle à Constantin, quand, irrésolu sur le rocher volcanique du Vieux-Brisack, il pensait à châtier l'impie Maxence. C'est au Vieux-Brisack que les enfans de Romulus déploient, pour la première fois, le *labarum* des Chrétiens. Hélas ! en parcourant cette ville ruinée, qui dirait qu'un César y rêvait la victoire, qu'un dieu s'y montrait à un homme? Les choses ont bien changé; le volcan s'est éteint, le fleuve a quitté son lit, le mont a voyagé de la Gaule à l'Allemagne; sur le cratère s'est élevée une cité glorieuse; et la méchanceté d'un homme a détruit en un moment l'ouvrage de plusieurs siècles.

Cependant les héros passent avec leurs hauts faits: Julien a quitté l'Orient pour planter ses drapeaux sur le Rhin; Gratien, sous les murs d'Argentuaria, défait Priarius, roi des Germains; ces peuples irrités assemblent une nombreuse armée, pendant qu'Honorius à Constantinople rappelle les légions romaines, établies dans la Gaule. La Rauracie abandonnée gémit de ce départ; mais le fléau de Dieu, mais Attila s'est montré: sa voix a renversé les châteaux depuis le Jura jusqu'aux Vosges. Argentuaria n'est plus, tout fume de l'incendie, tout regorge de sang et de massacre; le vainqueur ne laisse après lui qu'une terre de désolation ; des peuplades nomades s'en emparent ; les Bourguignons, après avoir long-temps ravagé l'Allemagne, se saisissent de cette nouvelle patrie ; la barbarie étend à regret ses ailes sur cette belle province ; l'agriculture est abandonnée, le commerce tombe, l'émulation des citoyens dispersés a cessé ; tout annonce le retour de l'ignorance la plus complète, quand un cri de vaillance s'élève du côté des Vosges. Quels sont ces guerriers à la blonde chevelure, à la taille svelte, dont le visage respire l'indépendance, dont l'extérieur est celui du courage et de l'intrépidité ? ils ne portent point de casques brillans, ils sont à moitié nus; armés de francisques tranchantes, ils invoquent la victoire ou la mort: ce sont les Francs, ce sont les sujets de Pharamond, qui, sous la conduite de leur roi, s'avancent pour conquérir de nouveaux États. A l'aspect de ces héros, les Bourguignons frappent sur leurs boucliers ; les combattans occupent les plaines depuis la Fœcht jusqu'à l'Ill ; Clodion a fait avancer ses légions; les traits volent, les épées retentissent avec fracas. Long-temps la lutte est incertaine, mais tout à coup le signal de la victoire est donné par les Francs ; et les vaincus épouvantés passent le Rhin à la nage, préférant mourir dans les flots à vivre dans la servitude.

Les Francs s'emparent de la province, s'y établissent, construisent des temples, relèvent les villes fumantes; et Clodion, qu'enchante ce beau séjour, veut y fixer sa résidence : son palais s'élève à Munster.

Les Celtes sont désormais oubliés ; les Romains, occupés de leur décadence, ne paraîtront plus dans la Gaule : les Francs seuls sont devenus les possesseurs de l'Alsace ; ils changent l'antique nom de Rauracie, ils lui donnent cette dénomination franque d'Alsace, dont plusieurs historiens ont contesté l'origine, et qui signifie séjour noble, Edelsas; dès lors les rois de France y viendront couler leurs plus beaux jours. Dagobert II bâtit le château d'Isenbourg, près de Ruffach; des couvens sont fondés par ses soins; il enrichit l'abbaye de Munster par ses libéralités : le christianisme se propage dans ces contrées; de saints évêques y préconisent leur religion; Pantaléon, Ursicin, Colomban, Saint-Germain parcourent le pays en prêchant la pénitence. L'Alsace commence à reprendre un aspect de civilisation ; Colmar, qui jusqu'alors n'avait été qu'une simple ferme royale, obtient de Charlemagne le titre de village, des papes s'y établissent : Grégoire IV y demeura long-temps.

Nous voici au sixième siècle, dans ce temps où le fils du magnanime Charles-le-Grand, le malheureux Débonnaire marchait d'erreur en erreur : trop de faiblesse l'a perdu. Ses fils, au champ du mensonge, lèvent l'étendard de la révolte : Grégoire de Colmar leur donne ses funestes conseils; mais soudain le roi meurt, ses coupables enfans se partagent l'empire; Lothaire réunit l'Alsace à ses états d'Allemagne. Cette division entraîne des querelles : Lothaire succombe; et l'Alsace, ce pays de rois français, où dorment les cendres de Clotaire IV et de Clodoalde, où s'élèvent les châteaux et les monastères de la monarchie, devint la possession légitime des princes allemands. Rodolphe, parvenu à l'empire germanique, réunit cette province à sa couronne. Mais l'Alsace était peuplée de Francs, ces hommes qui mouraient pour la liberté, et ne connaissaient que l'indépendance. Quatre siècles de guerres continuelles contre le féodalisme offrent à l'imagination un vaste champ de souvenirs : les chevaliers couverts de leurs armes, les dames, les amours, les cartels, les châteaux, les donjons, le peuple combattant ses seigneurs, les comtes défendant leur puissance, les empereurs défiant les suzerains, les belles malheureuses; Otilie, que la jalousie précipite au tombeau; Génévra, victime de son père; Isaure, gémissante dans un couvent, et les religieuses chantant au fond de leurs cloîtres, et les vassaux criant *liberté!* et Hugues, Otto, Conrad, Godfried, Rodolphe, Henri, Barberousse. Ah! si le poëte ne trouve pas, dans cet espace de quatre cents ans, tout ce que l'esprit désire pour s'enflammer; s'il se plaint qu'avec tant de nobles sujets la nature ne prête pas à son pinceau des couleurs également admirables, que lui faudra-t-il donc? quel pays, l'Écosse même de Scott, est plus digne des Muses et du Génie! L'âge de la courtoisie continue: la bravoure, l'amitié s'y distinguent.

L'Alsace est sortie du sommeil de l'ignorance: Colmar, à la voix de Frédéric II, se hérisse de murs et de créneaux; les remparts de Kaisersberg sont bâtis par son ordre; de nombreuses forteresses, des châteaux crénelés, Eguisheim dont les tours datent du huitième siècle, Turckhem, Vintzenhem ou Thornenbourg, Munster, Kienshem, attestent les efforts des Alsaciens pour assurer leur indépendance. Mais, tout à coup, la crise fut étouffée entre les comtes d'Alsace et les empereurs d'Allemagne: des guerres plus redoutables attirèrent leur attention dans l'empire même. L'Alsace respira, et le drapeau de la liberté flotta sur ses castels sanglans.

Une voix plus puissante que celle des combattans s'était élevée dans l'Europe. Bernard appelait en Palestine les défenseurs de Dieu; l'Alsace s'émut aux prières d'un moine de Pairis, nommé Martin; les comtes du pays se joignirent à Louis-le-Gros et à l'empereur Conrad. La croisade fut aussi vaine que les précédentes.

Cependant les sciences commençaient à fleurir en Alsace. Le treizième siècle avait déjà produit de profonds historiens parmi les Dominicains; Paris se vantait d'avoir attiré à la Sorbonne Michel Fribourger, dont les presses étaient renommées. Tout, il est vrai, contribuait à développer le génie: les souvenirs des temps passés, les grandes actions qu'on avait eues récemment sous les yeux; les chutes des rois, les révolutions des états, donnaient à l'âme des pensées nouvelles, portaient à réfléchir, enfantaient des grands hommes. Geiler, Murrho, Sébastien, Schœn firent, tour à tour, la gloire de leur patrie: l'un, par son éloquence véhémente; l'autre, par sa philosophie morale; le troisième, par une littérature recherchée et aimable; enfin le dernier, par son pinceau, dont il nous reste encore des morceaux aussi riches en coloris que soignés et corrects pour le temps. Les arts étaient arrivés à ce degré de perfection, et la paix que goûtait l'Alsace semblait leur assurer une retraite contre les tempêtes des provinces voisines, lorsqu'un tyran, le cruel favori de Charles-Téméraire s'attira l'indignation de tous les habitans. Pierre de Hagenbach, usant, comme le font les ministres, d'un pouvoir despotique, menaçait sans cesse le pays de sa colère. C'était peu, selon lui, d'avoir ravagé le Sundgaut, brûlé des villes, égorgé des femmes et des vieillards; il venait, le casque au front, le fer en main, désoler les vasselages des comtes, piller les villages, mettre en captivité les malheureux serfs. L'Alsace s'indigna de telles vexations. Hagenbach, vaincu et prisonnier, fut cité au tribunal de la suprême cour; ses juges, accourus de plusieurs villes voisines, s'assemblèrent au Vieux-Brisach, et la tête du coupable tomba sous le glaive des lois: on montre encore, à Colmar, la main et le chef de cet homme criminel. Quand le sang de l'oppresseur eut coulé, et que l'opprimé eut obtenu justice, le calme sembla se rétablir; mais un guerrier accourait du fond de l'Hélvétie. Pourquoi flottent ces banderolles, ces bannières? Contre qui sont réunis tant de valeureux chevaliers? Tu voulais venger ton ministre, implacable Charles; et la victoire te trahit : la mort ferme tes yeux au champ d'honneur; tu n'as pas vu tomber tes soldats, tu péris en héros!

La chevalerie subsistait encore; mais son temps glorieux marchait à l'oubli. On parlait encore de joutes pour la beauté; les châtelains armaient encore leurs damoisels; encore les varlets et les preux combattaient pour un titre de plus; la loyauté unissait encore les comtes, et l'honneur les appelait aux dangers: mais les temps changent les usages. Le quinzième siècle avait tellement augmenté les connaissances humaines, que les mœurs devaient s'en ressentir. La courtoisie s'éteignait, le féodalisme commençait de nouveau à régner. Les vassaux, las de la glèbe, levaient leur drapeau plébéien, et demandaient un soulagement à leur servitude. Ainsi se passa, au milieu des orages populaires et religieux, le seizième siècle: les années qui le suivirent n'amenèrent point le bonheur en Alsace. L'horizon se rembrunit, la désolation affligea ce malheureux pays. Les querelles, élevées entre les sectes religieuses, déchirèrent son sein, et firent couler le sang.

En même temps un nuage de guerriers, guidés par la victoire, aborda dans cette contrée, et mit tout à feu et à sang. Les Germains s'opposèrent à l'irruption; l'artillerie, le salpêtre, les flèches, le courage des plus déterminés ne purent vaincre la nation de Gustave. Les châteaux devinrent leurs conquêtes, tout céda, tout reconnut leur pouvoir. Ce n'était rien que Veymar, et ses soldats; ce n'était rien que ses ravages et ses succès; Turenne n'avait pas encore paru, et Turenne s'avançait en Alsace, précédé de toute sa gloire. L'alliance de Veymar au vicomte ébranla le trône d'Allemagne; l'empereur frémit, il appela ses nombreux serviteurs. Frédéric de Brandebourg accourut aux armes, à la tête des Brandebourgeois et des gardes allemandes; il commença la campagne; elle fut longue et pénible, tantôt favorable à Veymar, tantôt à Frédéric, mais toujours aux Français. Je te salue, vieux Turkhem! dernier théâtre de la guerre en Alsace! je vous salue, champs de vaillance, où marchèrent les soldats de Louis-le-Grand, où triompha leur habile capitaine contre soixante-dix mille Impériaux que guidaient Bournonville et le brave électeur de Brandebourg. Il vient, après avoir franchi les neiges des hautes montagnes; il paraît, ce soutien de la France, ce magnanime Turenne, au milieu des ennemis qui pensaient respirer. Le combat se donne, les Impériaux sont renversés, les chefs de l'empire prennent la fuite avec les débris de l'armée; et sur les créneaux de Colmar, Turenne arbore le drapeau de la monarchie aux chants d'allégresse de ses guerriers, qui célèbrent leur fortune. Turenne avait conquis l'Alsace à Louis, il croyait lui porter cette heureuse nouvelle; mais hélas! la mort l'attendait à Saltzbach, sur l'autre rive: c'était sa dernière campagne. La paix de Ryswick termina les différends des rois. Le calme se rétablit en Alsace; la nature, désormais à l'abri des ravages de Mars, se plut à l'embellir de ses plus riches ornemens. Le peuple brisa ses chaînes, et libre sous le gouvernement des fils de Henri, cultiva paisiblement l'héritage de ses pères. Le temps essaya sa faux sur les tours de la chevalerie; les cendres des âges passés s'étaient renouvelées sous d'autres formes; la science et le mérite s'y distinguaient près de la beauté; et longtemps après, quand la terreur eut éteint ses flambeaux, et caché la hache parricide, Pfæffel, né dans Colmar, élevé au milieu des bois et de la solitude, chantait ses poétiques rêveries; et, nouveau La Fontaine, simple comme lui, aimable comme lui, il allait, semblable au vieil Ossian, guidé par sa Malvina, écouter le murmure des forêts qu'il ne voyait plus, et revenait à ses foyers accorder sa lyre romantique. Il a disparu de la terre de larmes, cet homme que l'Alsace révérait, et dont l'humilité rehaussait le brillant génie; il a disparu comme un météore qui frappe l'œil, se montre de temps à autre durant les ténèbres, et s'éteint en laissant après lui de longs souvenirs de son éclat.

Grâce aux talens de Monsieur Buttenschœn et de plusieurs chroniqueurs anciens, j'ai pu montrer la succession des événemens de notre histoire. Mon but était de rappeler à mes concitoyens les époques mémorables de leur patrie : s'ils ne sont pas fiers maintenant d'appartenir à l'Alsace, si tant de héros qui l'ont illustrée ne suffisent pas pour donner aux lieux qui les entourent une teinte de grandeur passée, quels pays obtiendront leurs suffrages ? L'Alsace est une autre Grèce ; Rome s'y montre dans tout son orgueil ; la France, l'Allemagne, la Suède y paraissent à la fois, se disputant cette belle contrée. Eh ! quand Germanicus, quand Constantin, quand Turenne, n'auraient pas combattu dans ses plaines, n'a-t-on pas vu naguère, sur les remparts de Neuf-Brisack, l'homme de Sainte-Hélène, appuyé contre un canon, jetant un coup d'œil sur la campagne d'alentour, et méditant la conquête de l'univers ? Voilà tout ce qu'il faut à l'Alsace; les pas du vainqueur des deux mondes l'ont immortalisée. Dormez, vous que j'ai réveillé du sommeil de l'éternité! dormez, antiques aïeux! je viendrai quelquefois vous visiter encore; je foulerai sous mes pieds la bruyère qui couvre vos cendres; et mes pensées, à l'aspect de cette terre fertilisée par le suc des morts, couverte de dépouilles et d'ossemens; mes pensées, dis-je, devenant sombres comme le rideau du temps qui se développe sur ma tête, ne me laisseront plus voir que les ombres de la chevalerie et les nobles souvenirs de l'Alsace.

VALENTINE

DES

TROIS CHATEAUX.

Il n'est point de secrets que le temps ne révèle.
RACINE. *Britannicus. Acte IV. Scène IV.*

PROLOGUE.

Ami des ruines et de la solitude, j'ai souvent rêvé dans les vieux châteaux, au pied d'une tour d'oubli, à l'ombre d'un rempart; j'ai visité l'ancien palais de Barbe-Rousse, le Kœnigsberg avec ses peintures gothiques et ses vestiges de grandeur, les trois castels de Ribeaupierre, élevés sur les cimes de rochers inabordables.

Et que de fois encore j'écoutai l'épervier dans les débris silencieux d'Holansberg, au Martinsbourg, à

Eguisheim ! que de fois les ombres des preux, d'antique mémoire, m'ont apparu sur les créneaux ! Mais j'ignorais leurs exploits, et personne ne me les racontait, car personne ne les savait.

O Barde ! j'évoquais ton souvenir ! tu vins me trouver assis sur les rochers couverts de mousse. Tu n'étais pas Ossian, mais ton front respirait la mélancolie ; ta chevelure blanche flottait au caprice des vents qui sifflaient dans les tourelles. Tu m'abordas sombre et préoccupé, un chêne soutenait ta marche tremblante ; mais cependant tu gravissais les rochers, comme le jeune pâtre qui veut, du haut de la montagne, découvrir le clocher du hameau.

J'entendis un frémissement, et

tes doigts agitaient les cordes sonores de ta harpe. — Enfant, me dis-tu, je suis le Barde de la montagne. J'ai vu cent hivers jaunir les peupliers, et faire déborder les torrens; j'ai vu les hommes passer, comme les feuilles tombent et se renouvellent pour tomber encore. Je ne suis plus d'ici-bas, mais je me plais à revenir quelquefois visiter les châteaux où j'ai chanté l'Amour et rêvé la Victoire. Enfant, tu m'appelles, et j'accours à ta voix.

Le lierre n'a pas toujours suspendu son pâle feuillage à ces tours que la mousse ronge aujourd'hui : autrefois la sentinelle se promenait sur leur faîte, et le soleil de l'aurore, comme celui du couchant, resplendissait sur le fer de sa lance. Alors le vallon retentissait du bruit des pavois ; alors la jeune damoiselle envoyait son amant défier les héros, et il lui rapportait les casques et les épées des vaincus.

Ton cœur tressaille, mon fils ; et le mien, usé par le temps, se ranime à ces souvenirs d'un âge où mes forces égalaient ma vaillance. Ta génération connaît encore la liberté, mais elle ne sait plus mourir. Elle dort ! je te dirai combien de braves ont mordu la poussière pour conquérir l'indépendance : je te menerai dans ces champs, où le despotisme et la liberté combattirent deux cents étés et deux siècles de plus. Puisses-tu raconter à tes enfans ce qu'ont osé leurs aïeux ! et puissent les cœurs généreux, à ces récits d'illustre mémoire, bondir de joie, et mépriser les tyrans qui les oppriment!

Le Barde s'assit devant moi sur les bruyères. — Aujourd'hui ici, me dit-il avec un rire amer, demain ailleurs : la vie se passe dans un voyage continuel.

Puis le vieillard baissa la tête.— Je me nomme Torman, continuat-il, et mon histoire fut aussi connue et racontée parmi mes frères. Bientôt la harpe jeta des sons harmonieux sous la main légère de Torman ; il me montra les tours d'Eguisheim, dont l'ombre se projetait sur la vallée, et il me dit : Tu ne connais pas Valentine ?

— Non, sage Torman.

—Ecoute donc, et tu ne fouleras plus désormais la poussière d'Eguis-

*

heim, sans te rappeler les crimes d'un homme, et les larmes d'une infortunée châtelaine.

A ces mots, le Barde parut rayonnant d'une céleste clarté. Il chanta de vieilles odes, composées par les Druides, sous les chênes de la grande forêt d'Hercynie; et, laissant sa harpe, il commença l'histoire de Valentine des trois Châteaux.

VALENTINE

DES

TROIS CHATEAUX.

CHAPITRE PREMIER.

Chantez-moi, disait Valentine au ménestrel du château, chantez-moi quelque ballade amoureuse. C'est assez de ces hymnes de guerre qui plaisent tant à nos chevaliers. Adoucissez votre voix, parlez-moi d'amans infortunés ; j'aime beaucoup ces sujets tristes.

Et Gottfried, sans parler, prélude un moment sur sa harpe; puis il chante :

BALLADE.

Adieu, te dis-je, ô mon amie !
Je vais quitter ce beau séjour.
Adieu, te dis-je, pour la vie,
Car mon absence est sans retour :
Ainsi chantait à Virginie,
Jeune et malheureux troubadour.
Répétait l'écho d'alentour :
Adieu, te dis-je, ô mon amie !

Adieu, te dis-je, ô mon amie !
Et sur les créneaux du castel,
On vit damoiselle jolie,
Sensible aux chants du jouvencel.
Ah ! demeurez, je vous supplie ;
Albert ? pourquoi me fuir sitôt,
Mais Albert répondit plus haut :
Adieu, te dis-je, ô mon amie !

Adieu, te dis-je, ô mon amie !
Trop long-temps, pour toi, j'ai souffert
Soucis d'amour, de jalousie :
Laisse partir le pauvre Albert.

J'aurais donné pour toi ma vie,
Quand tu craignais de me chérir ;
Tout est fini, je vais mourir :
Adieu, te dis-je, ô mon amie !

Plaignez le sort de Virginie,
Donnez des pleurs à son amant ;
L'infortuné, quittant la vie,
Disait encore en soupirant :
Adieu, te dis-je, ô mon amie.

Gottfried se tut, en baissant la tête. Valentine garda le silence, et le seul frémissement des cordes qui vibraient encore sous la main du vieillard animait cette scène muette.

— Qui vous apprend toutes ces romances, reprit la damoiselle avec vivacité, vous en savez tant et de si belles !

— Ah! Madame, quand j'étais jeune, je parcourais les pays lointains. Les Scaldes du nord m'enseignaient la poésie; je chantais aux tables des grands, j'étais aimable alors, et je ne craignais pas de me faire entendre. Celui qu'on recherchait dans l'Occitanie, au milieu des plus célèbres troubadours, n'a plus aujourd'hui la mémoire des premières années ; l'âge a ralenti mes doigts, mais du moins je me console de ma vieillesse, puisqu'elle me procure les moyens de faire des heureux. N'est-il pas vrai, ma noble dame ?

— Que dites-vous, repartit la châtelaine en rougissant ? si l'on vous écoutait: elle serra tendrement la main de Gottfried. Ne me parlez point de ce que je dois taire, vous seul possédez mon secret; songez que mes jours, et ceux de celui qui vous a tout appris, dépendent de votre vertu. Ne me parlez plus ainsi, continua-t-elle..., vous connaissez trop bien ma situation.

Ensuite, à demi-voix, elle ajouta : Mon père me fuit, m'évite depuis quelques jours. Hier au repas, il me servit du chevreuil, de sa main, et tout à coup il me dit : Ne mange point cela. En même temps il renversa la table, et toute sa figure paraissait agitée.

— Je sais tout, ô Madame ! mais vous devrez la vie à celui que vous aimez !

— Chantez, chantez Gottfried : cela me console. Valentine, les mains sur le visage, cachait les larmes qui s'échappaient abondamment de ses beaux yeux.

Le Barde, attendri, jette un reun regard sur Valentine; et, s'accompagnant sur sa harpe :

>Au pied du castel de Dagsbourg,
>Près du donjon de jeune dame;
>Octar, paladin d'Isenbourg,
>Disait ainsi sa noble flamme :
>Viens, objet chéri de mon cœur,
>Viens sourire à l'amant fidèle.
>Octar ne veut que ton bonheur;
>Ah! crois moi, ne sois plus cruelle.

>J'ai pour toi quitté mes drapeaux,
>Ton seul penser pouvait me plaire;
>Plus ne vais sur de fiers créneaux,
>Occir preux, planter ma bannière.
>Le bruit des combats meurtriers
>A mes yeux a perdu ses charmes;
>Le plus valeureux des guerriers
>Pour t'aimer a quitté les armes.

>Sacrifiant à mon amour
>Le titre de fils de vaillance,
>Je viens te chanter, chaque jour,
>Ma trop inutile constance;
>Et je devrais, la lance en main,
>Au lieu de ma harpe fidèle,
>Mourir en loyal paladin,
>Et non languir pour une belle.

Eh bien ! dis moi, pour t'obtenir,
Je t'obéis, que faut-il faire ?
Combattre, vaincre ou bien mourir ?
Un mot, je vais te satisfaire.
Ainsi le tendre ménestrel
Disait son amour et sa peine ;
Mais le discours du damoisel
Ne put toucher la châtelaine.

— Comment, s'écria Valentine, elle était donc insensible ? Ce pauvre Octar ! et que devint-il ? Gottfried sourit et continua :

Octar, en vain, près de la tour,
Accorde sa harpe legère,
En vain redit sermens d'amour :
Il est demeuré solitaire.
Seul, en proie avec sa douleur,
Autour de lui tout fait silence ;
Tout est calme, excepté son cœur ;
Mais son cœur connait la constance.

Il retourna le lendemain
Soupirer, accuser sa belle ;
Il retourna, ce fut en vain,
Helvige fut toujours cruelle.

L'amour flétrit le pauvre Octar ;
On le vit s'éteindre un aurore,
Disant : D'Helvige un seul regard,
Un mot ; et je vivrais encore !

Ici le ménestrel s'arrêta. Le couvre-feu [2] allait sonner, et c'était l'heure de la retraite.

— Ne me quittez pas, dit Valentine ; j'ai de noirs pressentimens, mon âme est triste, et je ne pourrais être seule. Ah ! Gottfried, restez près de moi jusqu'au dernier cri de la sentinelle. J'ai peur de moi-même dans ce donjon, entourée de méchants soldats.... Et mon père !

— Silence ! dit Gottfried !

— Oui, repartit Valentine, oui, ne nommons pas les tyrans : racontez-moi plutôt les vieilles histoires du pays. J'ai besoin de vous voir, de vous écouter... ; il me semble que quand vous ne serez plus ici...

— Deux hommes penseront à à vous, Madame....; mais je commence mon récit; le temps est court, hâtons-nous de profiter des instans :

GÉNÉVRA.

Pourquoi le drapeau du sang flotte-t-il sur les créneaux de Colmar? pourquoi Kaisersberg[3] et les châtelains, soumis à l'empire, ont-ils formé leurs bataillons? Quel signal est donné dans la plaine et dans la montagne? C'est un prince offensé, c'est le jeune et généreux Rudolphe, l'héritier des barons de Judenburg, qu'Otto, comte d'Holansberg[4] a méprisé. Rudolphe aimait sa fille; mais Génévra ne vivait que pour son père : élevée au milieu des lances, cette jeune châtelaine n'en avait pas moins la pudeur de son sexe, mais son caractère était sauvage. Elle joignait à la sensibilité une âme exaltée, sujette aux grandes passions.

Et voilà quelle conquête brigue le généreux Rudolphe. Il a balancé long-temps, il a mérité par ses exploits le cœur de Génévra, comme l'estime d'Otto ; mais il n'a pu satisfaire ce vieillard. A ses propositions d'alliance et d'amour, le comte n'a répondu que par des outrages. Le fer doit l'emporter. Rudolphe appelle ses guerriers, il s'avance vers Holensberg.

Otto ne s'émeut pas des apprêts de son ennemi. Sa tête est chargée d'un casque à triple panache;

l'haubert couvre sa poitrine, il s'élance vers sa fille. — Adieu, lui dit-il, ma bien-aimée! le baron de Judenburg veut ton alliance; Rudolphe, dont le sang est encore celui d'Elfred le tyran, a demandé ta main : mais tu sais qu'il n'est pas d'union entre le despotisme et la liberté; tu sais à quoi m'obligent et le nom que je porte, et le château dont je suis maître, et la fille dont je suis le père. Tu vivras libre, Génévra, où tu mourras; j'en ai fait le serment et je le répète. Je sens bien que je cours au trépas, que tu ne me reverras plus; mais du moins je périrai sans rougir de passer pour un lâche, sans pleurer sur ton déshonneur; car tu ne seras point l'épouse d'un despote, et ce poignard..... doit te percer le cœur, dès que j'aurai fermé les yeux. Génévra, éperdue, se jette au cou du vieillard. — Oh! que voulez-vous faire, mon père? Est-ce à votre âge, avec des cheveux blancs et tant de cicatrices, que vous irez combattre les ennemis? Que ferais-je si je vous perds? Que deviendrais-je si vous n'êtes plus? Laissez-moi du moins vous suivre : que je vous voie au comble de la gloire, puisque c'est pour moi que vous avez ceint l'épée des batailles! que je vous défende de mon faible courage! O mon père! accordez-moi cette grâce.

— Ton bras est-il fait pour l'épée? tes yeux ne lancent pas la foudre, et tu voudrais affronter les épées de nos guerriers? Eh! qui, d'ailleurs, si tu t'éloignais, veillerait dans le château? Ta présence enflammera les jeunes chevaliers qui le défendront: tu paraîtras sur les créneaux; et du moins, si je meurs, mes derniers regards se tourneront vers le séjour de mes jeunes années.... Je pourrai te dire adieu.... pour t'embrasser bientôt dans un autre monde.

A ces mots, le comte quitte sa fille : il rejoint ses compagnons dans la grande cour, et leur fait prendre à tous des armures étincelantes; d'autres armes sont portées en secret dans la vallée. Les bannières s'agitent, les clairons sonnent le départ : on sort de Holansberg.

Génévra suit la troupe au milieu de la montagne. Quand elle voit se perdre dans le lointain les casques brillans et les piques toutes lumineuses des rayons du soleil, des larmes coulent de ses beaux yeux.

— Et c'est pour moi qu'ils vont mourir! ô mon père! Je ne te reverrai peut-être jamais!... sur cette terre je voulais dire; car il a commandé ma mort aussitôt que la sienne!

La tristesse s'empare de la pauvre Génévra. Elle s'assied sur un roc couvert de bruyères, en unissant ses plaintes aux sifflemens des brises orageuses qui grondent dans la forêt.

— Mais je te suivrai, s'écrie-t-elle en se relevant soudain! oui, sous la cuirasse on ne connaîtra pas mon sexe. Je saurai mourir comme un autre.

Et l'homme téméraire qui m'aime au prix du sang..... Ah! je l'enchaînerai tout valeureux, tout superbe qu'il est; je le traînerai aux pieds de mon père, et je lui montrerai comme je paie son amour.

Génévra s'est tue; le feuillage murmure, elle entend des pas, elle regarde, elle aperçoit un jeune inconnu, de belle taille, qui l'écoute.

—J'ai tout entendu, Madame, lui dit-il en saisissant doucement sa main, car elle voulait s'échapper; vous dédaignez mon amour, et cependant je ne songe qu'à vous. Vous désirez mon esclavage, moi qui vous chéris, moi qui n'existe que pour vous aimer. D'où naissent vos pensées, Madame? Vous voulez m'enchaîner, je l'étais déjà par des nœuds plus doux; mais je

*

m'abandonne à votre haine... Et il lui tend les bras comme un captif.

Génévra veut s'enfuir. — Ne crains rien, continue Rudolphe avec amour, ne crains rien, ma tendre amie! je t'aime trop pour te déplaire, je suis ton prisonnier : décide de mon sort, désires-tu voir couler mon sang, prends ce fer et frappe sans trembler. Si, moins cruelle, tu daignes sourire à ton amant, ô Génévra! il ne sera rien que tu n'obtiennes!

Loyal sire, répond la châtelaine effrayée, je ne vous connais pas; mais si vous êtes l'ennemi de mon père, apprenez qu'il est tout ce que j'aime : quant à vous... je ne vous hais pas... Oh! non, je n'ai pas dit que vous êtes... Allez, prince, vous pouvez partir.

— Vous ne me détestez-pas, Génévra, je suis donc heureux! O charme de mes jours, écoutez les aveux de Rudolphe!... Oui, c'est Rudolphe que vous voyez, qui vous adore, et qui, pour vous suivre, quitterait ce qu'il a de plus cher.

— Vous m'aimez donc bien, reprit la fille du castel, avec cette simplicité de la candeur : j'en aurai, j'en exige le témoignage. Jurez-moi de ne pas attaquer mon père, de laisser Holansberg en paix. A ce prix...

— Je le jure par l'azur de tes yeux, par les roses de ton visage; je le jure devant le ciel : ô Génévra! ton père sera sauvé, et mes guerriers s'éloigneront avant demain.

A ces mots, Génévra oublie quel est l'homme qui lui parle : elle tombe éperdue à ses genoux, elle les embrasse et remercie le paladin en pleurant de joie.

— Que faites-vous, dit Rudolphe en relevant cette vierge toute charmante des larmes de la beauté? et qu'est-ce que ma promesse, près de ce que je ferais pour vous?

La trompette du soir a sonné dans le château. Génévra s'alarme. O magnanime Rudolphe, dit-elle, votre souvenir restera profondément dans mon âme. Je ne dis pas que je vous aime... Non, je vous estime, et vous me serez cher si vous tenez votre serment. Mais on m'appelle à Holansberg, je dois partir. — Oh! ne m'oubliez pas!

— Non, prince, non : croyez que je penserai à vous!

Et plus légère qu'une timide gazelle, elle gravit la montagne.

Rudolphe la regarde un moment. Elle s'est arrêtée, sans doute, pour respirer ; elle a tourné la tête vers celui qui l'occupe malgré elle. — Adieu, lui fait-il du geste : et, sur l'aile du zéphir, un doux baiser arrive jusqu'à Génévra.

La nuit s'avance. La châtelaine est rentrée dans Holansberg, bercée de la tendre espérance de revoir bientôt son père; et Rudolphe a rejoint ses chevaliers.

Quelles idées trompeuses, mais riantes, les occupent tous les deux! Génévra ne se reproche rien, elle ne peut se cacher qu'elle éprouve des sensations nouvelles, que Rudolphe ne lui est pas indifférent; mais c'est pour son père qu'elle osa lui parler. Elle est contente, puisque Rudolphe a promis de le sauver; et il est trop brave pour être foi mentie.

Elle aime, au clair de la lune, à s'asseoir sur les créneaux, à parcourir des yeux la place où l'a quittée son père, et plus loin, la solitude où Rudolphe était si intéressant. La sentinelle qui chante à la tour prête encore à ses rêveries; mais pourquoi pense-t-elle toujours à Rudolphe? pourquoi le voit-elle à ses pieds, la suppliant d'être moins cruelle?

— Si j'allais l'aimer, se dit-elle?

Mais est-ce de l'amour que la reconnaissance ?

Comme elle parlait, une sombre lueur a paru dans la vallée. On entend des cris confus, on voit des flammes s'élancer en tourbillons, et former un vaste incendie. Les clameurs des guerriers retentissent dans la montagne, la garde frappe sur son bouclier.

Génévra tressaille, elle ne sait pas que son père, à la faveur des ténèbres, et sous des armes favorables à son dessein, a porté le premier le carnage dans le camp des preux d'Honack.

— Il a trahi sa parole ! il attaque mon père, le cruel qui me jurait de faire alliance avec lui ! Oh ! peut-être qu'il expire ! c'en est fait de ses vieux jours ! il aura été surpris dans le sommeil. Traître Rudolphe! et je me fiais à tes promesses! Ah! je t'apprendrai ce qu'ose une simple femme!

Elle dit et vole au donjon. Mosic, voyant sa résolution inébranlable, la conjure cependant de ne pas s'exposer à des périls certains. Ensuite elle arme sa maîtresse; elle couvre le sein de la vierge d'une légère cotte de maille rouge, et lui met en main une lance acérée.

Génévra chancelle sous le poids de l'airain, mais elle se rassure. La voilà devant la herse de fer, et renforçant sa voix. — Ouvrez, c'est par l'ordre d'Otto.

Elle gagne la vallée, mais son cœur n'est pas tranquille. Elle arrive près des combattans, elle cherche des yeux le blanc panache de son père, elle ne le voit point ce fanal de la victoire, et ne reconnaît pas ses compagnons, couverts d'armes étincelantes à leur départ, et maintenant revêtus d'acier bruni.

Elle hésite si elle doit avancer; un trouble secret la force à s'éloigner. Que ferait-elle seule au milieu d'une troupe de soldats? Elle n'avait songé qu'à son père dans le premier mouvement d'une âme ardente; elle aperçoit trop tard les dangers qui l'environnent. Que n'est-elle demeurée près de ses frères, sur les remparts d'Holansberg! Mon Dieu! si un lâche combattant vient à la rencontrer, elle est perdue! Elle cherche à gravir doucement les rochers.

— Arrête, lui crie un paladin,

la visière baissée, tout hideux de sang et de massacre : tu mourras comme les autres.

Et il la renverse, en lui plongeant son épée dans le flanc. — Ainsi périssent tous les ennemis d'Otto.

Otto, car c'était lui, continuait sa course guerrière; mais, au cri de Génévra, il s'arrête.

—Moi, ton ennemie! disait-elle languissamment : moi, mon père, je suis ton ennemie! Elle l'avait reconnu à ces dernières paroles.

Le comte, étonné de ce qu'il entend, revient sur ses pas. — Que dis-tu, guerrier, que me veux-tu? Il détache en même temps le casque de Génévra. Oh! se pourrait-il! Non, sans doute; la lune trompe ses yeux: il reconnaît sa fille.

Génévra vient d'entr'ouvrir sa

paupière appesantie. Elle cherche à parler, et déjà la voix lui manque. — Qu'avez-vous fait? N'en doutez pas, c'est Génévra! Mais je vous ai vu et je meurs contente. J'ai voulu vous défendre... je ne vous ai pas trouvé... vous m'avez rencontrée... la mort m'arrache à vos baisers. Ecoutez, mon père, il est trop tard pour me sauver, mais que je ne meure pas sans voir Rudolphe.... le traître!.. j'expire! oh! je l'aimais presqu'autant que vous! adieu pour toujours! Nous nous reverrons bientôt, n'est-ce pas?

Elle presse la main brûlante du vieillard, et ses yeux demeurent immobiles, comme si elle regardait son âme s'envoler vers le ciel.

Otto ne pleure pas, il ne parle pas, il est comme ces vieux chênes frappés de la foudre, et dont les souches désséchées restent dans le calme de la mort: mais tout à coup une sueur froide découle de son front, il s'assied près de sa fille qui qui ne l'entend plus, et se met à lui parler.

— Va, Génévra, ton ennemi est vaincu, j'ai brûlé ses tentes, et je l'égorgerai lui-même : je t'unirai au noble Sigebert, tu me remplaceras dans mon château, tu viendras me guider quand je tremblerai sur mes jambes. Tu ne réponds pas? n'es-tu pas contente? tu aimais Rudolphe : eh bien ! fais-en l'aveu à ton père.... embrasse-moi, ma chère Génévra.

Et sortant de son délire, il se levait, il regardait sa victime : — Ce n'est pas ma fille : mais que dis-je !

ô malheureux père! elle est morte, je l'ai tuée! Voilà donc pour quels chagrins les hivers ont respecté mes cheveux blancs; c'était pour enfoncer mon épée dans son sein, que j'ai pris soin de sa jeunesse! quelle vie m'est réservée! et je pourrais la soutenir! quoi! j'existerais, devenu le meurtrier de Génévra dont une seule caresse ranimait mes os! O ma fille! ma Génévra, pardonne à ton père!

Le vieillard, en se désolant ainsi, se mettait à genoux devant le cadavre, se frappait la poitrine, pleurait et, s'arrêtant soudain, contemplait sa fille, qu'il pensait lui sourire.

De noirs nuages s'étaient levés à l'orient : les vents se plaignaient dans la vallée. Le jour succéda à la nuit, l'orage gronda dans la montagne, toutes les voix de la solitude semblaient s'unir pour gémir sur la fin de l'infortunée Génévra; quand un homme, enveloppé d'un manteau, et qui semblait avoir toutes ses idées au château d'Holansberg, aperçut Génévra, et son père fixe, immobile devant elle. L'étranger s'arrêta; sa figure était sombre et inquiète, il était jeune: c'était Rudolphe.

Il voit sa bien-aimée, pâle comme un beau lis, étendue sur la mousse; ses yeux ne brillent plus des feux de l'amour; un sourire mélancolique repose sur ses lèvres décolorées: le sang rougit sa gorge, et souille ses blonds cheveux.

Rudolphe croit songer, il demeure consterné.

— Eh bien ! s'écrie le vieillard avec un accent égaré, as-tu bien médité sur ce qui frappe tes regards ? vois-tu une fille massacrée par son père ? vois-tu le père te demandant le trépas comme un bienfait ?

Le paladin veut secourir ce vieillard inconsolable : il dévore sa douleur, il adresse des paroles de paix au comte ; mais celui-ci le repoussant avec indignation : Retire-toi, misérable, auteur de mes chagrins... je périrai sans ton secours ! A ces mots, il s'enfonce un poignard dans le cœur.

Sans doute, Rudolphe ne survécut pas à ses regrets ; il aimait trop, il était trop sensible ; et d'ailleurs, n'avait-il pas causé l'infortune de Génévra ? les remords usèrent son âme : depuis ce jour, on ne le vit plus au palais des empereurs; il mourut loin de son castel, et la même tombe réunit les trois victimes du malheur.

A peine Gottfried avait-il achevé, que le cri du garde annonça qu'il était temps d'éteindre les lumières qui brillaient dans les salles des trois manoirs. Le Barde dit quelques mots à l'oreille de Valentine; il attacha sa harpe sur son épaule, et descendit le grand escalier du donjon.

Valentine préoccupée le suivit des yeux, et comme son père dormait déjà, du moins elle le croyait, et que les sentinelles étaient aux portes, et les chevaliers dans le Weckmund, elle ouvrit la fenêtre grillée qui donnait vers le midi, et parcourut, tout en rêvant, le beau tableau qu'elle avait sous les yeux. Il faisait nuit : la lune radieuse éclairait la vallée de ses reflets argentés ; les nuages marchaient lentement dans le vague des airs; et tout était si calme, que le peuplier même n'agitait pas ses feuilles tremblantes : au loin, on découvrait la *Corne d'épouvante* [6], gigantesque rocher des Alpes, qui brille, le jour, des rayons du soleil, et la nuit, réfléchit dans ses neiges les clartés du ciel étoilé. Le Jura, couvert des brouillards du Rhin, se distinguait dans l'espace, par delà toutes les forêts de la Hart; la tour de Munster s'élevait au milieu de Colmar [7], comme un colosse dans les sables de l'Egypte. On n'entendait, dans cette solitude, que le murmure léger de la brise, et, de moment en moment, les cris tremblans du scops [8]; sans cela tout reposait en paix : la sentinelle demeurait immobile sur sa lance; les dogues des cours se taisaient; mais le pendule du château marchait toujours, en battant les heures sur l'airain retentissant.

NOTES

SUR LE PREMIER CHAPITRE.

—

1. *Eguisheim*, ou *les Trois Châteaux*.

Ce château, qui fut jadis un des plus puissans de la haute Alsace, fut bâti par Eberhard, neveu du comte Etichon, fils de Léodise, et celui-ci fils d'Ergonald, qui fut grand-maître à la cour du roi Dagobert, vers l'an 631 de Jésus-Christ. Eberhard en posa les fondemens *circà seculi VIII initia*, dit Schœpflin ; mais les trois tours ne datent que du treizième siècle. Ce fut là que naquît le pape Léon IX, l'an 1002, appelé d'abord Bruno, et qui fut évêque de Toul ; son père était le comte

Hugues IV, et sa mère Helvige, comtesse
de Dagsbourg : *Prius Leonis IX tempore
jam extitisse, vix ego crediderim, quod
arces montanæ accessu difficiles, invalescente demùm jure manuario, id est seculo
XII et sequenti extructæ sunt.* (Schœpflin.)
Cependant *Vimphelingius* (*epist. Ner.,
Germ., cap. XXVI,*) avance que :
*unam ex tribus arcibus illis montanis in
quâ D. Pancratius frequentissimè collebatur, per ipsum Leonem consecratam
fuisse.* Peut-être, ajoute Schœpflin, Hugues IV, son père, commença à bâtir
ces tours, lorsque Ernest, chef des Suèves,
qui entra les armes à la main en Alsace, l'an MXXVII, l'eût ravagée de
tous côtés. Voyez *Vippo, in vitâ Conradi ral. imp.*, pag. 474.) La ville et le
château furent inutilement assiégés par
l'empereur Adolphe en 1298. A son approche, les habitans brûlèrent les faubourgs et se retirèrent dans les tours.
Le Dauphin, en 1444, s'empara d'Egui-

sheim; et un grand incendie, arrivé en 1775, acheva de ruiner cet antique séjour de la noblesse et des preux de l'Alsace.

On nomme *Eguisheim*, les trois châteaux, parce qu'en effet il y a trois forts, élevés l'un près de l'autre sur la montagne.

Triplex est illud castrum, ab oppidano vicino monti impositum, quod vulgò *drey* Eguisheim atque hoh egis: nuncupatæ, quodque tribus quadratis turribus constat, æquali paucorum passuum inter se spatio dissitis, quarum unaquæque suum peculiare nomen habuit. (Schœpflin.)

La première et la plus grande de ces tours se nomme Dagsbourg, Tagesburg, du nom de son fondateur; la seconde Walenbourg, Walenburg; la troisième Veckmund. (*Voyez* Berlerus, *in chartâ, fol.* 357.)

Ces trois châteaux étaient séparés l'un de l'autre par des murs qu'enfermait cependant une seule enceinte, de façon que cela faisait trois forts en un seul.

2. *Le Couvre-feu allait sonner.*

C'était soit une trompette, un cor, ou une cloche qui donnait, à des heures marquées, le signal d'éteindre le feu. L'heure ordinaire était de sept à huit du soir. (Extrait *des Féodalités*, par Collin de Plancy.)

3. *Kaisersberg.*

Voici ce qu'en dit Schœpflin :

Castrum in monte satis edito, ejusque ad pedes oppidum, sub Frederico II, imp. in Lotharingiæ ducem arma movente, Wolfellus imperialis Alsatiæ advocatus, exstruxit, eique Cæsarei castri inditum nomen. Solum, cui Kaisersberga insidet, ad Horburgenses et Rapolsteinenses spectavit Dynastas. Ab his Henricus Rom., Rex, Frederici II filius, « omne jus quod habere dignoscebantur in castro Kaiserberg et in suburbio circà idem castrum, quod quadraginta milites capere potest » ducentis et quinquaginta marcis ann. MCCXXVI comparavit; civitatem liberam ibi non constructum iri promittens. Hanc ob causam Pfalburgeros Rapolsteinenses Kaisersbergæ admitti anno MCCCLIV, vetuit Carolus IV castrum et oppidum Kaisersberg Rapolsteinensis ac Horburgensis primitùs juris fuisse existimans. Conradus IV, alter Frederici II filius, Abbatiæ Parisiensis liberalitatem laudavit, quod quadraginta carratas lapidum ad muniendas civitates suas dederit quotannis. Sub civitatibus his Kaisersberga, Abbatiæ proxima, haud dubie comprehenditur. (Pag. 415, paragr. DCCXVIII.)

Le château est remarquable par une tour élevée, imprenable par sa nature et sa position sur la cime d'un rocher. De-là, on voit jusqu'au Rhin. Au pied de la montagne, on trouve encore les restes du palais où les empereurs qui venaient habiter Kaisersberg faisaient leur résidence. *Imperatores*, continue Schœpflin, *non rarò Kaisersbergam venisse, et Rudolfi, hujus et Caroli IV, exempla demonstrant*. Ce château, après avoir été abandonné, finit comme tout ce qui éprouve les outrages du temps. Il est en ruines aujourd'hui, mais : *non igne, non obsidio, sed tempestatum injuriâ paulatim interiit.*

4. *Holansberg.*

Voyez dans la note 2 du chapitre 2 de Loiska.

5. *Judenberg.*

Idem, chapitre 9 de Loiska, note 1.

6. La corne d'épouvante, ou Schreckhorn, c'est le nom d'une haute aiguille des Alpes, que l'on aperçoit distinctement de la plaine même, en haute Alsace. Près du Schreckhorn se remarque

encore la Jungfraukhorn, également haute et brillante de neiges. Ces cimes ne sont pas éloignées du Gothard, et de l'Aar, rivière de la Suisse. « Nous aperçûmes, dans le lointain, cette montagne qui porte le nom de Vierge (Jungfrau), parce qu'aucun voyageur n'a jamais pu gravir jusqu'à son sommet. »

Mad. STAEL, De *l'Allemagne*, page 183.

7. *Colmar.*

Idem, note du chapitre 4 de Loiska.

8. *Scops.*

Espèce d'oiseau de nuit, semblable au chat-huant.

CHAPITRE II.

Valentine était triste : la lueur mélancolique de la lune, et ce calme du monde, quand elle se trouvait dans le désordre et l'agitation, nourrissaient encore ses sombres rêveries.

Là-bas, se disait-elle, dorment les moines de Marbach. La cloche venait de sonner le glas des morts, et les pieux chrétiens rendaient au souvenir de ceux qui n'étaient plus les derniers hommages. Ensuite

Valentine portait ses regards sur les remparts d'Hattstatt[2], et son cœur tressaillait. C'était-là qu'elle avait connu l'amour pour la première fois : là, entourée de nobles preux, conquêtée par le comte de Kibourg lui-même, seigneur du château, elle avait aperçu dans la foule un jeune varlet[3], qui tournait sur elle des yeux brûlans d'amour.

Mais il avait disparu depuis ce jour, et ce ne fut que long-temps après qu'elle le revit à la cour de son père. Ludovic était son nom ; il avait tout ce qu'il fallait pour intéresser en sa faveur ; son courage était à toute épreuve, son âme belle et généreuse, son cœur peut-être trop sensible.

Sa figure était noble et expressive; avec le chaperon[4] d'hermine, et les cheveux bouclés sur les épaules, il semblait un génie aimable, qui vient sourire à la beauté. Le casque au front, la lance à la main, on l'eût pris pour le plus terrible des paladins de la Germanie.

Gentil page du comte d'Eguisheim, il perdit son père encore enfant; il ne connut jamais sa mère. Un bienfaiteur, Sigefroi, son oncle, comte d'Isenbourg[5] l'avait élevé. Mais, forcé de partir pour les cours du nord, il le confia à Kauzelin pour achever son éducation.

Constamment occupé de son emploi[6], il servait son maître au repas, il l'accompagnait à la chasse[7], il portait son pavois aux cartels; enfin il conduisait le palefroi de Valentine. C'était le seul des pages qui jusqu'alors ait parlé à la jeune châtelaine.

Valentine l'avait remarqué facilement. Elle l'avait vu trembler quand il découpait les mets du festin[8]; il avait osé lui presser la main, une fois qu'il l'aidait à monter sur son coursier. Depuis ce jour, elle se troublait à sa vue, son cœur lui rappelait sans cesse Ludovic, et Ludovic ne rêvait qu'à Valentine. Un secret penchant les avait ramenés l'un vers l'autre, ils s'aimaient : Valentine ne craignait pas d'écouter ses aveux; et cependant, elle savait qu'en dérogeant à sa noblesse, en s'attachant un simple gentilhomme, elle encourait la colère de son père !

Mais depuis peu de temps elle s'était abandonnée à sa passion; un hasard l'avait réunie à son amant. Elle parcourait une forêt épaisse, déserte ; son père la suivait, et derrière, Ludovic et deux autres pages. Tout à coup le destrier de Kauzelin se câbre, prend la fuite et l'emporte à travers les arbres. Ludovic seul est resté près de Valentine. Ils n'ont aucun témoin ; ils s'aiment ; ils s'avouent leur secret penchant.

Ludovic n'a que le temps de cueillir un doux baiser sur les lèvres de la damoiselle. Kauzelin furieux les rejoint ; ils retournent au castel, mais l'amour dévore le cœur des deux amans ; ils ont besoin de se communiquer leurs pensées, de se parler souvent.

Oui, mais un page entrera-t-il chez la noble héritière d'un comte puissant ? un seul pas dans le donjon serait un crime ! Le Barde vient à leur secours ; il les aime, il veut leur bonheur. Hélas ! pourquoi Valentine n'aurait-elle pas les douceurs de l'amour pour charmer ses ennuis, quand son père la garde en esclave dans son château ? Kauzelin semblait la chérir, il lui prodiguait ses tendresses, il la menait à la chasse, plus rarement aux fêtes voisines ; mais elle n'osait pas quitter le manoir sans son ordre, et la garde fidèle veillait incessamment aux portes de Dagsbourg.

Valentine pensait à tout cela, et elle ne s'imaginait guère que Ludovic l'observait alors, et soupirait comme elle. La damoiselle suivait la lune, qui passait sur l'horizon, comme un souvenir dans la mémoire des hommes ; et non loin d'elle, sur les murs de Valenbourg, Ludovic la contemplait, comme une de ces belles pensées que le sage aime à méditer. Peut-être ils s'entendaient ; peut-être la brise des nuits portait de l'un à l'autre leurs secrets et leurs rêves d'amour.

L'horloge sonna minuit[9]. Le jeune varlet, craignant que la sentinelle ne l'aperçût, se retira, et Valentine ferma sa fenêtre en réfléchissant à tout ce qui l'occupait : Ah ! dit-elle, en regardant la pureté du ciel, ses nuages sont tous dans mon cœur !

Elle ne pouvait s'endormir, il lui semblait entendre du bruit, elle avait effroi de ses pas.

Que doit-il arriver ? qu'ai-je

donc à craindre? j'amais je n'ai éprouvé d'aussi cruelles inquiétudes. Mais quoi! mon père est irrité contre moi... il connaît peut-être mon amour!... O Ludovic, je sacrifierai tout pour toi! mais s'il allait être la victime de Kauzelin!.... Dieu! si j'étais la cause de son malheur! il ne nous reste qu'un parti; fuyons d'Eguisheim, allons dans quelque refuge que ce soit; mais ici.... Ah! la mort est moins cruelle!

Ainsi, se disait Valentine, elle allume un flambeau, elle cache la lumière qui pourrait la trahir, et se met à écrire à Ludovic.

« Cher Ludovic,

» Que cette lettre soit la dernière datée d'Eguisheim ; je t'aime,

*

» et tu me payes de retour : allons
» loin d'ici, goûter les doux plai-
» sir de l'amour. L'œil de Kau-
» zelin pourrait percer le mys-
» tère, et s'il découvrait notre in-
» clination, nous serions perdus.
» J'attends de toi du zèle et de la
» hardiesse : je ne crains rien, je
« te suivrai partout. Prépare-nous
» les moyens de fuir; trompe la
» vigilance de mon père : si tu
» m'aimes, il n'est rien que tu ne
» fasses pour jouir de ma ten-
» dresse; mais, à Eguisheim, tu ne
» seras jamais heureux. »

Valentine plie sa lettre, et éteint
le flambeau. Aussitôt elle croit
entendre quelqu'un à sa porte
des pas décèlent la marche d'u
homme sur les degrés du donjon
ensuite elle ne distingue plus rien

Un sommeil accablant vint assoupir la triste châtelaine; des songes effrayans succédèrent à sa mélancolie. Cependant une heure s'était écoulée depuis que Gottfried avait quitté Valentine.

Quant à Ludovic, il tomba dans une rêverie profonde. Eh quoi! suis-je fait pour languir sous les volontés d'un tyran? Depuis deux années, je lui obéis; j'ai vu de méchans pages s'élever, et moi, je demeure dans l'obscurité! N'ai-je pas rempli mes devoirs avec exactitude? Dans la dernière bataille, on m'a vu le premier arracher mon maître du milieu des ennemis; et cependant il m'oublie, parce qu'il croit que Sigefroi n'existe plus, parce qu'il est loin d'ici: mais il reviendra, et mon esclavage aura cessé.

Ainsi se plaignait Ludovic, et puis il songeait à sa Valentine. — Qu'elle est charmante! que je l'aime, et j'en suis toujours séparé. Ah! si j'avais ceint l'épée, si j'étais chevalier, je pourrais aspirer à sa main; mais je n'ai point chaussé l'éperon; je n'ai pas le droit de soupirer pour une noble damoiselle. Eh! pourquoi serais-je le jouet des volontés d'un homme? Qui m'arrête? La crainte: je la méprise; l'honneur, je ne lui forfais point. Elle est infortunée comme moi, elle pleure souvent, je l'ai bien vu; elle est victime de son père. O Valentine! si vous voulez, je vous délivrerai!

Heureusement que Ludovic avait pensé tout cela, car les murs l'auraient trahi, et rien n'échappait à Kauzelin.

— Que n'ai-je un ami, à qui je puisse tout confier, qui me donne des conseils, et ranime mon courage abattu! avec lui, du moins, je supporterais plus hardiment l'adversité. Mais ici, je ne rencontre que des âmes mercenaires, vendues à la délation; d'ambitieux courtisans, de lâches satellites! et je ne puis me plaindre: ce serait un crime!

Ludovic tombe à genoux, à ces mots, et levant les mains vers le Ciel: O mon Dieu! dit-il à voix basse, prends pitié d'un orphelin qui n'a que toi pour père et pour appui. Tu sais si mes desseins sont purs, tu me soutiendras dans mes chagrins. Fais-moi sortir du milieu de cette cour perfide; souffre que j'enlève, des mains de tant de monstres, une jeune et innocente victime! Mon Dieu! laisse-toi toucher par mes prières, et donne-moi la force de résister à la douleur.

Il achevait ces paroles lorsqu'il aperçut l'ombre d'un homme armé, qui se projetait sur la muraille. Il se tourne : c'était Kauzelin.

J'ai tout entendu, lui dit-il, mais je te pardonnerai, si tu fais ce que j'attends de toi; il faut me suivre, c'est une grande preuve de confiance que je te donne. Allons, quitte ton léger manteau, prends ce casque, cette épée; si tu réussis à me plaire, je te fais chevalier au premier tournois.

Ludovic, pâle et hors de lui, obéit au châtelain; il charge sa tête d'un morion bossué[10], le varlet s'est converti en guerrier.

— Sauras-tu te servir de ceci ? ajoute Kauzelin avec un sourire féroce. Ludovic recule d'horreur, c'était un poignard.

— Ecoute, continue le comte, je veux t'éprouver : ta main doit me délivrer d'un être odieux ; si tu frappes bien, tu peux compter sur mes bontés ; si tu hésites, la mort t'attend ; car je ne confie de secret à personne.

— Soit, répond Ludovic, je suis pret ; mais j'irai seul ?

— Non pas, répart Kauzelin, je veux te voir faire ; tu m'entends ? partons.

Le varlet frémit en songeant à ce qui l'attend, mais il marche dans les corridors de Valenbourg ; il suit son seigneur, et vingt fois est tenté de le frapper. Les voilà dans la cour du château. — Que faut-il faire, demande Ludovic ?

— Tu vas le savoir : souviens-toi que ta vie est dans mes mains.

Ils passent sous la herse qui conduit au Dagsbourg *Schwœdius fœcht* ! répète soudain la garde du second manoir après Kauzelin. Passage au seigneur !

La porte roule sur ses gonds : les deux héros montent l'escalier du donjon. Ludovic reconnaît aussitôt qu'il est près de de sa chère Valentine.

— Eh bien ! dit le jeune page ?

— Eh bien ! l'instant est venu, tu vas tuer ma fille. Prends bien garde de ne pas la manquer. Tu m'appelleras quand tout sera terminé. Ludovic, à ces mots, est glacé d'horreur.

— Valentine! s'écrie-t-il, non, jamais!

— C'en est fait de toi, traître! si tu balances.

— Voici mon sein, vous pouvez disposer de mes jours!

Le ton de voix du varlet, cette poitrine nue qu'il lui présente, ce poignard qu'il jette, ce crime qui se trouve déjoué, tout devrait alarmer Kauzelin; mais il sait ce qu'il fait. Il a préparé son crime d'avance [12], il l'a médité : sa fille le gênait, il arme son amant pour l'assassiner, il hait Ludovic, et le tyran accumule les forfaits ; du même coup, il abattra Valentine, il fera arrêter son meurtrier; et le voilà

Kauzelin ne peut point pardonner, et je suis dépositaire d'un secret trop redoutable pour échapper à mon tyran.

NOTES

DU CHAPITRE II.

1. *Marbach.*

Au-dessus de Hattstatt, sur les Vosges, est bâti ce couvent; il fut jadis une des plus riches abbayes de l'ordre des Augustins. « Après l'an 1090 fut fondé le monastère de Marbach, dit Munster, dans sa *Cosmographie*, par le seigneur Burckard de Gueblisviller et maître Mangold de Lutembach. » Sa situation est à la fois religieuse et romantique; il est entouré de hauts murs de granit tout tapissés de lierre. Les cloîtres et les chapelles ruinés laissent encore distinguer ce que fut ce monastère dans l'ancien temps. Eguisheim le domine d'un côté; de l'autre, ce ne sont que des forêts et des rochers. Des sources limpides tombent de la montagne; et ces eaux, qui passent toujours, sont les seules qui resteront après l'ouvrage des hommes. (Voyez *Marbach* au chapitre 3 suivant.)

2. *Hattstatt.*

Au commencement, ce château fut appelé *Beinstein*, et fut bâti l'an 960, par Herman, comte de Kibourg, du consentement du seigneur Bruno de Terbug, abbé de St.-Marc, qu'on appelle aujourd'hui St.-Sigismond : l'an 1466, au mois de novembre, ce château, qui est assis à une lieue de Ruffach, en un mont élevé, fut occupé, pillé et brûlé par les citoyens de Munster, qui n'est pas loin de-là, du consentement du prince Palatin du Rhin, qui avait alors le gouvernement du pays d'Alsace en l'absence du capitaine de ce château. Il y avait quelques brigands qui s'étaient tenus en ce château, et avaient fort molesté, par pilleries et brigandages, le duc de Lorraine; comme aussi un comte de Lupflen avait délibéré d'assaillir par armes le prince Palatin, qui habitait Kaisersberg, ville de son gouvernement. (Munster, *Cosmographie universelle.*)

3. *Varlet.*

Dès qu'un jeune homme avait atteint l'âge de sept ans, on le retirait des mains des femmes pour le confier aux hommes. Au défaut de secours paternels, une infinité de princes et de châteaux offraient des écoles toujours ouvertes, où la jeune noblesse recevait les premières leçons du métier qu'elle devait embrasser...: les premières places que l'on donnait au sortir de l'enfance, étaient celles de pages, varlets ou damoiseaux. (*Voyez* la Curne-St.-Palaye, *Mémoires sur l'anc. Chev.* tome 1er.)

I. 6.

4. *Chaperon.*

Le chaperon était la coiffure des anciens temps. La mode en était généralement reconnue dans l'Europe, en Allemagne comme en France. Car, dit Munster, quand j'étais jeune, en 1497, les gens portaient encore des chaperons à longues queues. (*Cosmographie universelle.*) D'autres portaient, et la coutume en était répandue, des bonnets enfoncés qui serrent la tête et couvrent les oreilles; quelques-uns font usage de cornettes de taffetas; quelques autres, de drap. (Voyez *idem in ibidem.*)

5. *Isenbourg.*

Voyez la note 2 du chapitre 5 ; Isenbourg et Ruffach.

6. *Occupé de son emploi.*

On peut voir dans la Curne-St.-Palaye, dans la Colombière, le Ménestrier et P. Honoré de Sainte-Marie, quelles étaient les fonctions des pages, varlets, chevaliers.

7. *Il l'accompagnait à la chasse.*

Ils s'adonnent presque tous à la chasse, et disent qu'il n'appartient qu'à eux de chasser et qu'ils ont cette liberté de long usage et de priviléges donnés. La chasse des lièvres, et principalement de chevreux, biches, cerfs, est défendue en aucuns lieux sobz peine d'avoir les yeux crevez; et en d'autres sobz peine d'avoir la tête tranchée. (Munster.)

8. *Découpaient les mets du festin.*

Ils servaient à table, tranchaient, lavaient et servaient. (La Curne.)

9. *L'horloge sonna.*

On sait qu'Haroun fut le premier qui introduisit en Europe les horloges; celle qu'il donna à Charlemagne était encore grossière et se ressentait de la naissance de l'art. Nous décrivons des lieux et des mœurs postérieurs d'un siècle à Charlemagne.

10. *Morion.*

Un morion était un casque sans cimier.

11. *Schwedius fœcht.*

Ce cri d'armes allemand est composé du nom de Schwedius Lazare, comte d'Holensberg, qui joue un grand rôle dans l'histoire d'Alsace, et dont on voit encore le tombeau dans l'église de Kientzheim, et du nom d'un torrent qui tombe des montagnes de Wilfort, traverse la vallée de St.-Grégoire, les champs où Turenne vainquit les impériaux, et va se jeter dans l'Ill.

12. *Il a préparé son crime d'avance.*

Ceci ne doit pas étonner. Dans nos temps, nous avons vu tramer, avec plus de perfidie encore, des hommes puissans contre une victime qu'ils ont heureusement abattue!

13. *La tour des guerriers.*

C'est le Weckmund, où se tenaient les soldats et les chevaliers du château.

CHAPITRE III.

Valentine venait de sortir d'un songe affreux, quand les cris de Kauzelin frappèrent son oreille : elle reconnaît son père à la voix, elle se lève en sursaut, elle écoute.

Le tumulte redouble; on distingue des pas précipités, des plaintes confuses : tout à coup le calme renaît dans la tour, et Valentine n'entend plus rien.

— Ah ! je rêve encore, dit-elle, mon Dieu! quel sommeil effrayant!

Cependant, j'ai reconnu la voix de mon père.... Que serait-il arrivé ?

— Ouvrez, ouvrez, dit quelqu'un : c'est Berthe, Madame.

La fidèle Berthe a rejoint sa maîtresse. Voyez le poignard du comte, il était à votre porte. Valentine pâlit, Berthe la soutient.

— Il n'y a pas à balancer, Madame, il faut partir, vous êtes perdue.

— Que sais-tu donc, ma chère Berthe?

— Ah! j'en suis encore épouvantée. J'étais avec Valfrade et Gertrude dans les chambres basses; nous parlions de vous en éteignant la flamme du foyer. — Je la plains bien, me disait Valfrade, cette pauvre dame est malheureuse dans ce château : à peine osons-nous la distraire. — C'est vrai, repartit Gertrude, et je voudrais de tout mon cœur la sauver d'ici, car le comte est un méchant homme. — Oui, il a tué sa femme, il en peut faire autant de sa fille. — Si vous aviez entendu, ô mes sœurs! je n'ose parler. J'étais au Valenbourg, je cherchais le ménestrel pour qu'il vînt chanter à Madame; je vis Kauzelin près de la chapelle avec quatre chevaliers.

— Vous garderez ce soir le Dagsbourg, leur disait-il, ne vous inquiétez pas du reste; et, en me voyant: — Va-t-en, ajouta ce tyran. Je m'enfuis à la hâte sans écouter ce qu'il ordonnait aux satellites, mais il me semble toujours qu'il arrivera quelque chose de funeste. Comme nous nous entretenions, nous entendîmes des pas dans le corridor; on montait les degrés, puis l'on dit, et c'était votre père : « Prends bien garde de ne pas la manquer; tu m'appelleras quand tout sera terminé ». Ensuite, il y eût un moment de silence, et l'on répondit :

— Valentine? jamais !

Je regardais tout ce qui se faisait à travers les grilles du souterrain. Kauzelin tenait ce poignard : il s'emporta, renversa le jeune homme qui l'accompagnait. Je crois que c'était Ludovic.

— Ludovic ! s'écria Valentine en changeant de couleur.

— Oui, continua Berthe, et les soldats vinrent l'enchaîner.

— Grand dieu ! Ludovic aurait voulu m'assasiner ?

— Pas du tout, Madame, je suis persuadée, bien au contraire, qu'il n'a tant irrité votre père, que parce qu'il s'est opposé à son crime. J'observe depuis long-temps ce qui se passe à votre égard : on a juré votre mort ; et, si vous aimez la vie, si je vous suis chère encore, si vous vous fiez à moi, quittez cette tour, venez avec votre fidèle Berthe : je vous en conjure, au nom de votre mère ; le même sort vous attend.

Il est un certain degré de douleur qui donne de la force : lorsque l'infortune est trop grande, on est plus grand qu'elle ; elle fait naître une espèce d'énergie qui n'est plus de l'homme.

Aussi Valentine, qu'un seul

mot alarmait ordinairement, ne parut point troublée des discours de sa compagne.

— Tu as raison, dit-elle, je m'aperçois bien que mon père est las de me voir, qu'il en veut à mes jours. Ce poignard m'en dit assez : il voulait m'empoisonner tantôt ! cependant je ne dois pas le fuir, je suis sa fille : il peut disposer de mon existence, comme il en a fait de ma mère. Tu es âgée, Berthe, tu désires peut-être vivre tranquille : je demanderai ta liberté à mon père, malgré toute la peine que me causera ton départ; je te donne d'avance mon petit fief de Ste.-Croix [1]; quitte ta sincère et malheureuse Valentine, laisse-la mourir, en proie aux fureurs d'un tyran, et retire-toi de ce séjour de crimes.

— Vous voulez-donc me faire mourir? puis-je me séparer de vous, que j'ai vu naître, que j'ai élevée? Ah! ma noble Dame, tous vos dons ne vaudront pas pour moi le bonheur de vous sauver.

— Le devoir d'une fille est d'être soumise à son père, je ne puis m'éloigner.

Ici Gottfried paraît tout à coup: sa harpe est détendue, il est agité; il a vu des choses si horribles.

— Fuyez, Valentine; demain il sera trop tard: profitez du trouble général. Voici les clefs du souterrain, gaguez la forêt vers le couvent de Marbach [2] : j'y serai, ne vous inquiétez de rien. Et vous, Berthe, suivez Madame, je prierai le ciel pour vous.

Il dit, et entraîne la tremblante

Valentine; les dogues aboient à leur passage, le garde les questionne, le ménestrel se nomme, et Valentine est sauvée.

— Enfoncez-vous dans la montagne, répète le vieillard, je vous découvrirai partout.

— Tu parles seul, dit soudain Kauzelin à Gottfried, au moment où les deux fugitives ont quitté leur protecteur: toujours tu veilles, toujours tu médites quelque chant guerrier.

Le comte, par ces paroles, voulait sonder les démarches du ménestrel; il le craignait, il redoutait sa vigilance.

— Et quand tu chantes, moi je promène mes chagrins; je réfléchis aux perfidies que peuvent les hommes.

— Oui, oui, je sais tout, répondit Gottfried avec indifférence, et le ciel heureusement ne permet pas que les forfaits soient impunis: on découvre toujours les méchans.

Kauzelin comprit que le ménestrel connaissait son secret ; mais dissimulant, il ajouta : O quel châtiment terrible je réserve au traître varlet ! j'allais donc perdre ma Valentine !

— Dieu veille sur ses jours, dit Gottfried en poussant la porte du souterrain : l'innocence est sauvée, et je vais dormir en paix.

Il s'éloigna sans attendre la réponse du seigneur.

— Maudit vieillard, pensa le comte, es-tu né pour me persécuter par ta présence ! Que faisait-il ?

pourquoi cette porte était-elle ouverte ? Je soupçonne....

A ces mots, il entre dans le souterrain, il entend un bruit sourd: on marche à quelques pas de lui ; il veut se hâter, mais une main divine l'arrête. Il n'ose pénétrer plus loin ; une secrète frayeur le force à reculer, il rentre dans le château, et Valentine est dans la forêt.

Pendant que tout cela se passe, Ludovic dévore sa douleur, il s'attend à périr avant la nuit nouvelle: il réfléchit à son infortune. Hélas ! il n'y avait pas long-temps qu'il était libre, qu'il pouvait aspirer au titre des honneurs ; maintenant tout est perdu pour lui: l'infamie va le suivre au tombeau, il mourra accusé d'un crime dont il ne pourra se justifier, en horreur à ses frères d'armes; et Valentine le croira son meurtrier! et Valentine, qui l'aimait, reculera d'effroi à son souvenir! Ah! que ne sait-elle la vérité!

Mais Kauzelin poursuit ses projets; il ne tardera pas à frapper lui-même le cœur de sa fille, et, du moins dans un autre monde, elle apprendra l'innocence de son amant, et la trame de son père.

Il se console, à cette pensée; mais il retombe bientôt dans l'abattement et secoue ses chaînes avec désespoir : tout à coup une flèche vient siffler près de lui, un papier y est attaché; il l'ouvre, il lit ces mots :

> Le ciel a sauvé l'innocence :
> Beau prisonnier, sèche tes pleurs;
> Garde bien la douce espérance,

Bientôt vont finir tes malheurs.
Va, ne crains pas pour ton amie,
Elle est à l'abri des méchans :
Attends encor quelques instans,
Le Barde veille sur ta vie.

Ludovic comprend aussitôt que Gottfried a sauvé Valentine, qu'il viendra le délivrer, que son innocence est reconnue. Dès-lors toutes ses alarmes ont cessé, il ne sent plus les entraves qui l'arrêtent; son âme, bercée d'espérance et d'amour, s'enivre de joie et d'une flatteuse illusion.

Il compte les heures, il attend son libérateur; chaque bruit, chaque voix le fait tressaillir.

— Il ne vient pas, se dit-il, la journée s'avance : peut-être est-il découvert; peut être.... mais on ouvre le cachot, on descend.... c'est lui, c'est lui! c'est mon père, mon bienfaiteur!

Il court au devant de l'homme qui doit le délivrer : — Vous voilà donc, ô Gottfried !

— Oui, c'est moi, répond l'inconnu en jetant son manteau. Ludovic a reconnu Kauzelin.

— Il y a des traîtres dans ce château, et je t'ordonne de me livrer l'écrit que l'on vient de t'envoyer : ne pense pas que j'ignore quelque chose ici ; je vois tout, j'entends tout ; et le Barde, qui veille sur ta vie, périra avant toi.

Ludovic n'avait pas attendu les menaces du comte ; dès qu'il l'a reconnu, il a déchiré et avalé le billet fatal.

Kauzelin frémit de rage en voyant lui échapper la sentence de mort de Gottfried. — Ah! scélérat, s'écrie-t-il en poussant le jeune varlet contre les voûtes de sa prison, n'es-tu donc né que pour mon malheur? je vais rêver à ton supplice; tu ne m'échapperas pas.

Le châtelain remonte précipitamment l'escalier, il laisse Ludovic consterné : tant le passage de la joie à la douleur fut terrible dans son âme ! et, s'empressant d'aller rejoindre Gottfried qui l'attend au Valenbourg, le cruel Kauzelin médite de quelle manière il perdra le ménestrel.

— Tu ne sais pas pourquoi je t'ai fait appeler ici ?

— Sans doute vous désirez que je chante pour calmer vos inquiétudes ?

— Tu as raison, je n'y pensais pas.

Gottfried commence aussitôt :

    O vous qui cherchez le bonheur !
    Fuyez la richesse inutile ;
    Imitez le pauvre pêcheur
Qui vit heureux sur sa barque fragile.

    Quand il a vogué tout le jour,
    Penché sur l'onde passagère,
    Quand la nuit l'invite au retour,
Il va gaîment retrouver sa chaumière.

    L'amour embellit ses loisirs,
    Il s'endort près de ce qu'il aime ;
    La vertu fait les vrais plaisirs :
La paix du cœur est le bonheur suprême.

    Heureux encor le lendemain,
    Il s'en ira vers le rivage
    Jeter son filet inhumain,
D'un peuple libre, instrument d'esclavage.

    Ses jours s'envolent dans la paix,
    Le travail embellit sa vie ;
    Sa richesse est dans ses filets,
Et son bonheur est dans sa douce amie.

    O vous qui cherchez le bonheur !
    Fuyez la richesse inutile ;
    Imitez le pauvre pêcheur
  Qui vit heureux sur sa barque fragile.

— Ta romance m'a plu, Gottfried, mais il me semble que tu as assez chanté dans ta vie ; qu'en penses-tu ? si c'était la dernière fois.... ?

— Que voulez-vous dire, Comte?

— Je dis que tu lances bien les flèches ; je dis que je connais les perfides qui m'entourent ; je dis que, si ta personne n'était pas sacrée, de ma main tu mourrais sur l'heure ; mais qu'avant la nuit tu sortes du château, que demain on ne te rencontre plus dans mes domaines. Eberhardt, qu'à l'instant ce vieillard soit entraîné hors des murs ! tu me répondras du coupable.

Le digne ministre de Kauzelin obéit aussitôt à son maître : mais arrivé devant la salle des chevaliers, un murmure s'élève de toutes parts.

— Respect au Barde [3] est le cri général : c'est notre père, nous le défendrons contre ses ennemis.

Kauzelin avait bien prévu ce mouvement; il n'ignorait pas combien les soldats chérissaient Gottfried : c'était lui qui les guidait à la victoire, qui partageait leurs dangers; c'était lui dont la harpe et les chants soutenaient leur courage ébranlé par les revers.

Paladin, à l'honneur fidèle,
Entends-tu les cris des soldats?
Entends-tu l'airain qui t'appelle?
Voici l'instant de signaler ton bras.
Là-bas le tyran te défie,
Là-bas t'attendent les combats.
Guerrier, cours venger ta patrie;
Triomphe, ou bien ne reviens pas.
Prends ton glaive, vole au carnage,

Te souvenant qu'un chevalier,
Que son pays réclame et que l'honneur engage,
Doit revenir avec ou sur son bouclier.

Ainsi Gottfried animait les combattans ; il était leur force aux batailles, leur ami dans les jours de paix : aussi voulaient-ils le défendre, quand le seigneur vint lui-même au milieu des mécontens. Il raconte les crimes du ménestrel, il montre la flèche trouvée dans le cachot de Ludovic.

Retenus par la présence du châtelain, les chevaliers gardent le silence ; et Eberhardt, tranquille possesseur de sa victime, la conduit sans résistance jusqu'aux portes. Là, Gottfried jetant un dernier regard sur le château : Eberhardt, lui dit-il, tu rapporteras à ton maître qu'il verra dans peu son insolence déjouée ; que là-bas, des vengeurs s'apprêtent ; qu'il peut maintenant aiguiser le poignard pour tuer sa fille. N'oublie pas ceci : et fasse le ciel que le criminel soit bientôt connu !

Ensuite Gottfried s'éloigna, mais il ne prit point le chemin qui conduisait où Valentine l'attendait.

NOTES

DU CHAPITRE III.

1. *Sainte-Croix.*

Hugues IV, comte d'Eguisheim et de Dagsbourg, père de Bruno, fonda avec Helvige son épouse, au onzième siècle, un couvent de religieuses de la Ste.-Croix; ce monastère est détruit. L'empereur Conrad IV ravagea cette petite ville; et l'empereur Adolphe, en 1298, fit démolir le couvent et le château qui s'y trouvaient. « Leonis IX parentes monasterium Sanctæ-Crucis haud procul Eguisheimo in solo condiderunt, quod terram hæreditatis Beati Leonis vocat Gregorius. » (*Schœpflin*, tome 2, *de Alsatiá illustratá.*)

2. *Marbach.*

Nous en avons déjà parlé plus haut; voici ce qu'en dit un ancien auteur : Une autre église, mais aujourd'hui en titre de prieuré, se peut veoir en la haute Alsace, au pendant du mont de Vosge, plus hault que la ville de Harlisheim, que les originaires appellent *Marbach.* Je n'ay rien de sa fondation, et partant n'en dirai-je rien. (*Ruy*, page 435, liv. 1.)

MM. Golbery et Ozaneaux ont trouvé l'inscription suivante dans cette abbaye, au dessous d'un tombeau renfermé dans l'église :

Bonæ memoriæ Burckhardis Miles de Gueblisviller, fundator loci istius, anno Dei MCXXXI Kalendis martis, obiit. Ce tombeau est celui de Burckhard de Gueblisviller, fondateur de ce lieu, qui mourut en 1131.

3. *Barde.*

Tout le monde sait quel respect on

portait aux anciens ménestrels. On en voit des exemples dans tous les romanciers du temps. Leur personne était inviolable comme celle des hérauts d'armes.

« Les Allemands avaient aussi leurs chanteurs d'amour. (Minnesinger.) »

Mad. Stael, *de l'Allemagne*, p. 41, chap. 4.

CHAPITRE IV.

La nouvelle de la fuite de Valentine se répandit bientôt dans les trois Châteaux. Kauzelin frissonna au récit d'Eberhardt : on vint lui dire qu'on l'accusait ; il entendit ses guerriers se plaindre à haute voix des crimes qui se renouvelaient incessamment sous leurs yeux. Les uns demandaient ce qu'était devenu Ludovic, et pourquoi il était dans les fers ; les autres, qui avaient remarqué son amour pour la belle châtelaine, car l'amour ne se cache jamais, assuraient qu'il était impossible qu'il eût voulu assassiner celle qu'il aimait. On parlait du comte ; on l'avait vu précéder le varlet ; on allait même jusqu'à dire qu'il était le meurtrier de sa fille, et qu'il faisait croire qu'elle avait fui.

Kauzelin troublé, tant par les remords qui s'élevaient dans son âme que par ces reproches malheureusement trop fondées, n'eut d'autres moyens pour imposer silence à la voix publique qui l'accusait, que de feindre la douleur : il se présenta sur la place d'armes, seul, le visage décomposé, comme s'il eût étouffé son chagrin.

O mes amis ! dit-il à ceux qui l'écoutaient, je n'ai plus que vous pour me soutenir dans mon infortune ; j'ai perdu en une nuit ma fille chérie ; j'ai trouvé, dans celui que j'honorais de ma confiance, un perfide mille fois plus coupable que s'il en eût voulu à mes jours; je me suis enfin vu trahi par le vieillard que j'aimais comme un père ; ô mes amis ! est-il un homme plus malheureux que moi ! encore si je méritais un sort si cruel, je le souffrirais patiemment; mais, dites-moi, ne vous ai-je pas toujours traités comme mes frères? avez-vous à vous plaindre de moi ? Nous vivions tous tranquilles; et, après tant de jours paisibles, voilà qu'une seule nuit vient porter la désolation dans l'âme d'un père! voilà que le crime me ravit le seul espoir de ma famille !

Le ciel est-il donc injuste par fois? qu'avons-nous fait pour nous attirer sa colère ? quel serpent réchauffions-nous dans notre sein? il a sifflé pendant les ténèbres, il a empoisonné tout ce que j'aimais.

Qui de vous hésitera à frapper ce monstre? tant qu'il vivra, je n'aurai plus un moment de consolation : les lois le réclament; et, quoiqu'il en coûte à notre pitié de verser le sang, le devoir nous crie d'obéir.

Ainsi parle le fourbe Kauzelin; ceux qui le voient pleurer avec tant de regrets, plaignent sa douleur : quelques-uns, plus prévoyans, étudient ses démarches; et beaucoup, en branlant la tête, semblent dire : Le méchant nous trompe.

Cependant le bruit court que Ludovic va subir son châtiment. On dit qu'il a soutenu les tortures avec une noble fermeté : on vante le courage du malheureux jeune homme, et toutes les voix s'unissent pour le plaindre.

La trompette sonne : les hauts justiciers [1] du château s'avancent, vêtus de leurs robes noires, leur baguette à la main; les troupes des tours reçoivent l'ordre de se ranger dans la grande cour : on dresse un échafaud et, vis-à-vis, un amphithéâtre où Kauzelin et les juges doivent s'asseoir. Ludovic paraît bientôt devant le redoutable tribunal; il conserve un visage serein : n'ayant rien à se reprocher, il regarde le bourreau d'un œil tranquille, il sait bien qu'il est déjà condamné.

Alors se lève l'inexorable Hetman : Es félon et convaincu de tel crime, toi varlet, indigne gentilhomme, de tout quoi les lois flétrir et occir te condamnent, amende honorable au noble suzerain, et par après que la hart s'ensuive, pardurablement damné, sans champions, et sur l'heure ceci fait.

Hetman dit, et brisa un anneau dont il montra les deux parties aux juges. — Une fois, ajouta-t-il, deux fois demandons si quelqu'un est opposant à notre justice. — Personne ne répondit. — Va donc mourir, l'enfer te réclame [2].

Ludovic aurait vainement prouvé son innocene; Kauzelin était plus puissant que lui, et l'on ne rappelait pas d'un arrêt de Hetman. Le bourreau le dépouilla de sa robe brune; les cheveux du jeune page tombèrent sous les ciseaux; la tête rasée, en chemise, les pieds nus, et la corde au cou, avec une torche à la main, il est forcé de passer lentement devant chaque guerrier.—Adieu! dit-il à ceux qui pleuraient: un jour vous saurez que je suis injustement puni. Adieu! mes bons amis. Tous l'aimaient, tous auraient voulu le délivrer, mais déjà le justicier l'a conduit aux pieds de Kauzelin. Là, il refuse de plier le genou. — Non, dit-il, il n'oserait pas soutenir mon regard. La trompette sonne encore une fois, les juges se retirent pour ne pas assister à la sanglante exécution; Kauzelin, seul, reste et veut voir son forfait consommé.

Aux armes! crie tout-à-coup la sentinelle placée sur la tour de Weckmund; aux armes, compagnons! Je vois venir les preux d'Isenbourg : qu'ils sont nombreux ! ils se dirigent de ce côté. Aux armes ! ou nous sommes perdus.

A ces mots, Kauzelin est forcé de suspendre le supplice ; il envoie les chevaliers sur les remparts ; il les distribue suivant la position et la force du château, et accompagne lui-même Ludovic dans sa prison, dont il ferme les portes. — Prends cette clef, dit-il au ministre de ses volontés sanguinaires ; que ce soit fait du coupable avant la nuit ! moi, je vais m'armer et combattre ; car le danger est pressant.

Il dit, et couvre son front ombrageux d'un casque à trois panaches ; il ceint son epée, l'effroi des paladins, et court retrouver ses guerriers. Les uns roulent sur les remparts d'énormes quartiers de roc; les autres empilent les barres de fer destinées à lancer sur les assiégeans : rien n'est plus épouvantable que ce bruit d'armes, ce murmure de voix, ce tintement prolongé du tocsin qui appelle les vassaux, et ces hurlemens des dogues qui s'unissent au frémissement des boucliers. Les tours retentissent du pas précipité des gardes qui suivent d'un œil attentif, entre les créneaux, la marche des ennemis. Sans cesse il arrive de nouveaux renforts. Les femmes, les enfans ne tardent pas à se présenter aux portes, et à demander asile [3] : ils conduisent devant eux leurs troupeaux chargés de tout ce qu'ils possèdent. La confusion augmente avec l'approche des assiégeans: on entend distinctement le son de

*

leurs cors, le choc de leurs écus, le hennissement de leurs coursiers: ils ont laissé derrière eux Eguisheim en flammes; ils veulent égorger le châtelain et ses vassaux; ils jurent de ne mettre bas les armes qu'après avoir renversé les tours de Léon 4. Kauzelin fait arborer un drapeau rouge, il envoie un héraut demander les griefs de la guerre, et le héraut est massacré : on se prépare donc à mourir.

La nuit vient calmer les deux partis : sur la montagne, dans le castel, le repos succède au tumulte des batailles. Kauzelin ne dormira pas, il erre de créneaux en créneaux, il va comme un simple guerrier réveiller le courage des faibles, ranimer les braves; mais il n'oublie pas son varlet. — Eh bien, demande-t-il au bourreau, suis-je obéi? — Non, seigneur, je n'ai pas eu la force d'exécuter votre ordre; qu'un autre aille à ma place, je ne puis tremper mes mains dans un sang innocent! — Kauzelin se vengerait, mais il a besoin de ses satellites, il se tait. — J'irai donc, puisque ton âme trop faible ne sait pas faire son devoir.

A ce moment l'obscurité des ténèbres augmente; le ciel s'est couvert de nuages épais; le tonnerre commence à gronder, et de rapides éclairs brillent à travers la nuit..., les vents s'élèvent avec violence, les forêts battues par la tempête forment un concert lugubre qu'entremêlent les éclats de la foudre[5] et le pétillement des arbres embrasés par sa chute. La terre tremble, et pousse un mugissement qui se joint aux plaintes effrayantes de l'orage ; les voûtes sonores du château répètent les soupirs du vent, et prolongent les coups bruyans du tonnerre.

Dans ce désordre des élémens, chacun fuit épouvanté, chacun élève son âme vers le ciel et lui demande grâce ; mais Kauzelin, une lanterne sourde à la main, n'a songé qu'à couronner son crime, et le voilà près de Ludovic.

Il dormait ; la paix qui régnait dans son cœur était sur son front : il rêvait à sa Valentine, il souriait en la voyant libre : — Valentine ! disait-il, ma chère Valentine, je puis enfin te dire que je t'aime ! A ce nom, à ces paroles, Kauzelin tire son poignard : — Meurs, s'écrie-t-il en tremblant de rage !

meurs, auteur de tous mes ennuis !

Ludovic se réveille, il reconnaît le châtelain. Son premier mouvement est d'arrêter son bras, il lutte contre lui avec avantage, il parvient à le désarmer : dès-lors il ne craint plus son ennemi; jeune, habitué à combattre, il le repousse, il le renverse. — Je pourrais te tuer, lâche qui viens, à la faveur de mon sommeil, pour m'ôter la vie; mais je te méprise. Et prompt comme la pensée, avant que le comte se soit relevé, il franchit l'escalier de sa prison, traverse la place d'armes et gagne les remparts. — Qu'on arrête le coupable ! crie Kauzelin en le suivant de loin : le prisonnier s'est échappé. A moi ! arrêtez le fuyard.

La tempête, la foudre, les vents emportent ses paroles; il n'est pas entendu. Mais comment Ludovic parviendra-t-il à s'échapper? Les portes sont fermées, les souterrains barricadés, les tours, les murs couverts de soldats: il n'y a pas à balancer, le péril est trop près de lui pour qu'il puisse craindre quelque chose; il marche droit vers le guichetier d'une porte. — De par Kauzelin, qu'on ouvre! dit-il.

Le vieux Valbert, que l'orage effraye, qui n'a pas encore entendu parler de l'évasion du captif, laisse passer Ludovic. A peine est-il dehors que Kauzelin arrive comme un furieux. — Eh bien! Valbert, personne ne s'est présenté? — Je n'en sais rien, noble seigneur, répond le guichetier qu'un coup de tonnerre vient d'ébranler de la tête aux pieds ; si fait, noble seigneur, il a passé par votre commandement un homme; je ferme encore la porte. — Ah! maudite soit ta barbe blanche! c'était Ludovic! tu expieras ton erreur ! Et le châtelain secoue par les cheveux le faible vieillard, qui n'ose lui répondre.

Dès-lors que sa victime lui est échappée, il n'a plus qu'à se venger : il méprise la grêle qui l'assiége ; à la lueur des éclairs, il cherche à reconnaître le camp ennemi. — Qui de vous, compagnons, osera me suivre? ne vous laissez pas intimider par une tempête, ranimez vos cœurs abattus; venez avec moi surprendre nos adversaires : ce sont des femmes qui prient maintenant et tremblent du bruit des foudres. Que sera-ce donc, quand ils entendront frémir les cordes de nos arcs? que sera-ce, quand, frappant sur nos pavois, nous jetterons de concert un cri d'alarme, répété par l'écho des vallons? Que deviendront-ils, quand les feux du ciel brilleront sur l'acier de nos lances?

Ainsi parle Kauzelin ; mais ses chevaliers ne répondent pas à son appel : aucun ne témoigne l'envie de l'accompagner. — A demain donc, puisqu'aujourd'hui vous êtes sourds à la gloire; mais demain, il sera peut-être trop tard. Rongé de chagrins, tourmenté par ses remords, le comte va se jeter quelques instans sur un lit de repos dans le Valenbourg : il a horreur de lui-même, il voudrait se fuir et se retrouve toujours pour perpétuer son désespoir. Il ferme les yeux et voit sa fille sanglante lui reprocher sa mort : et derrière elle, marche son épouse Clotilde; et Clotilde donne la main au malheureux Gontrand, père du cruel qui l'a assassiné. Ailleurs, c'est Ludovic qui le défie au combat; il le renverse dans la poussière, et tous les guerriers d'alentour crient : Voilà le coupable, voilà le meurtrier de sa fille et l'accusateur de l'innocent ! il détourne ses regards, et Gottfried le considère avec sévérité : sa harpe agitée par les vents rend un son plaintif et lugubre.

Kauzelin, poursuivi par ces rêves affreux, court, les bras tendus, les cheveux hérissés, au milieu de la salle, muette spectatrice des remords du crime; le cor matinal le réveille au moment où il croyait voir ses victimes debout devant lui : Ce n'est qu'une illusion, dit-il, et je n'ai pas peur des songes! Couvert de ses armes, la visière baissée, la hache à la main, il aborde ses preux. C'est maintenant que nous allons écraser nos ennemis!

Pendant que tout se prépare au château, voyons Ludovic arriver au camp des assiégeans. — Qui va là? crie la sentinelle, placée au premier poste. — Ami! répond le varlet. — Arrête! lui dit encore le vieux chevalier : ami ou ennemi, arrête! — Ludovic obéit aussitôt, des gardes s'approchent de lui et le conduisent dans le camp comme un espion. — A la tente du seigneur ! que le traître soit connu ! et les voilà au milieu du conseil.

Entouré de ses capitaines, le chef de l'armée calculait les moyens d'attaquer à l'aurore les trois Châteaux à la fois. L'assemblée était noble et imposante. Il n'y avait pas un de ces preux qui ne fût déterminé à tous les risques d'un assaut. Leurs armures resplendissaient à la clarté des flambeaux ; tous faisaient silence, et le comte d'Isenbourg[6] avait seul la parole : Vous avez juré sur l'honneur de venger mon digne rejeton : chevaliers qui m'écoutez, voici l'heure de me prouver votre fidélité. Celui pour qui j'ai pris les armes est l'espoir de ma race, il doit être mon successeur et votre maître ; c'est pour lui que ma fille croît en vertus et en beauté. Je me suis engagé sur mon bouclier à le protéger, tant que j'aurais vie. C'est donc par devoir, par amour, par humanité, que nous sommes rassemblés. C'est pour le bien de pauvres citoyens que nous avons quitté nos remparts, dans le dessein d'attaquer un impie. Kauzelin, assez long-temps, a versé le sang innocent ; nous devons, en chevaliers d'honneur, mettre fin à ses iniquités. Vous savez ce que le ménestrel vous a dit ; vous savez quel tissu d'odieuses calomnies, par l'artifice de Kauzelin, retombèrent sur mon neveu ; sur ce jeune guerrier, qui naguère à fait ses premières armes avec vous, qui donne de si belles espérances, et que vous aimiez voir au milieu de vous dans Isenbourg. Aujourd'hui, le châtelain d'Eguisheim conspire sa perte: il est abandonné dans un cachot, peut-être même n'existe-t-il plus. Mais qu'il vive ou qu'il soit tombé sous le fer d'un assassin, nous venons, ou le délivrer, ou le venger, renverser les tours d'un méchant, égorger ses satellites, et rendre la liberté à de misérables vassaux.

Sigefroi, car c'était lui, parlait encore lorsque Ludovic entre dans la tente: Seigneur, dit un garde, voici un inconnu qui se dit notre ami. A peine a-t-il paru, que Gottfried s'élance vers lui: Ô jeune homme infortuné! ô mon maître! c'est vous: le ciel vous a donc délivré de vos tyrans! Noble Sigefroi, reconnaissez votre neveu: c'est Ludovic que Dieu nous amène!—A ce nom, tous les paladins s'empressent autour du varlet, tous versent des larmes de joie en le voyant sauvé. Sigefroi suspend l'assemblée, il veut jouir un moment de son cher Ludovic. Gottfried est le seul qui demeure avec eux ; et bientôt le varlet a conté à son bienfaiteur ses alarmes et les crimes de Kauzelin.

Rends grâce au ménestrel, mon cher Ludovic ; tu lui dois ta délivrance. Malgré son grand âge, il a couru jusqu'à Isenbourg, où je me préparais à t'aller réclamer. Il nous a dit et le supplice qui t'attendait, et la fuite de la fille du comte, et son exil à lui-même. Nous avons aussitôt marché vers Eguisheim. La terreur qu'inspirent nos guerriers nous a précédés! Dieu s'est déclaré pour nous; il t'a rendu à celui qui t'aime comme un père. O Ludovic! si je survis à l'assaut du matin; si, t'ayant vengé, je puis retourner à Isenbourg, c'est là que tu apprendras à me connaître, et que je te proclamerai mon fils en face de tous mes chevaliers.

L'aurore commençait à rougir l'orient, et semait des roses sur les traces de l'orage. Ce fut le signal de courir aux armes dans le camp et au château. Malgré le terrain glissant, les troupes de Sigefroi eurent ordre de gravir la montagne; bientôt la trompette se fit entendre des deux côtés. On vit se déployer les paladins d'Isenbourg, avec leurs haches à deux tranchans. Sigefroi se tenait sur une éminence, observant les lieux et la force d'Eguisheim; tandis que Hugo, par son ordre, devait visiter les endroits accessibles pour la cavalerie. Verner se portait à l'est, avec ses Leudes [7] armés à la légère, pour faciliter l'escalade. Odoer conduisait les Antrustions au nord ; Etelred, chef des vassaux, rangeait cette troupe armée d'arcs et de flèches, sur les hauteurs. Albert commandait les aventuriers, corps illustre, composé de la fleur de la Germanie et des plus valeureux chevaliers de la Saxe, de la Suède et des deux Alsaces. Ludovic, quoique varlet, en faisait partie. Sigefroi l'avait confié au magnanime Albert, et ce fut avec joie que ce dernier le plaça près de lui. Gottfried allait au devant d'eux en chantant l'hymne de guerre ; sa voix grave et sonore, les accords de sa harpe mélodieuse enflammaient les cœurs belliqueux.

Sigefroi contemplait ses bataillons qui semblaient n'attendre que sa présence pour voler à l'ennemi. Il mit un genou en terre, et tendant les mains vers le ciel : O Dieu fort ! s'écria-t-il, Dieu des batailles, n'abandonnez pas les serviteurs de la bonne cause ! couvrez-les de votre aile protectrice ; abattez les méchans ! Sa prière fut courte, il se releva plus calme, et comme assuré de la victoire. A son casque lumineux, aux trois plumes blanches qui l'ombrageaient, les soldats reconnurent de loin leur chef intrépide. Ils frappèrent en chœur sur leurs boucliers, jetèrent un cri général, et les clairons sonnant la charge, on vit s'élancer à la fois cette nuée de combattans.

Kauzelin avait distribué ses chevaliers en force égale à celle des ennemis. Il confia la défense du Veckmund, à Gorre, son lieutenant ; il mit au Dagbourg, où étaient renfermés les femmes et les vassaux, le brave Volf, avec les plus déterminés : et se réservant le Valenbourg, il fit établir des ponts levis entre toutes les tours, pour s'aider dans la nécessité et pour pouvoir assister les siens partout où l'on aurait besoin de son secours. Les vieillards et les femmes devaient apporter des quartiers de rochers, du sable brûlant, de la poix fondue, aux guerriers placés sur les remparts. Il fallait mourir à son poste : tel était l'ordre du châtelain, et l'on avait droit de tuer tous les fuyards. Les assiégés revêtus de fer, entourés de traits, de pierres, de faux pour atteindre de plus loin ceux qui monteraient à l'assaut, paraissaient à l'abri de tout danger sur leurs redoutables murailles, du haut desquelles les plus superbes de leurs ennemis n'étaient que des enfans.

Ce fut en ce moment, que Sigefroi fit donner le signal, et qu'il se mit lui-même à la tête des Antrustions, ou gardes du seigneur. Arrivé au pied des premiers murs, il fit reposer ses troupes en face de Volf, qui se tenait sur les créneaux, comme un orgueilleux colosse.

— Je ne vous demande que de

me suivre, dit le comte; braves amis, je serai à votre tête! mais Odoer n'attendit pas son exemple, et plantant une échelle : Seigneur, voici la seule fois que je vous désobéis. Les Antrustions se pressant en foule, le suivaient, et, montant sur les cadavres qui roulaient, se faisaient un rempart de leurs frères. Ils touchaient déjà les créneaux, quand l'échelle se brisa, et précipita, sur les rochers, les nombreux guerriers qu'elle portait. Cet échec ne diminua point l'ardeur de Sigefroi; il fit avancer ses Villains habitués à lancer les flèches. Volf, contraint de reculer et de céder à la grêle de traits qui l'accablaient, n'opposa plus qu'une faible résistance.

Les Antrustions encouragés appliquèrent de nouvelles échelles; à l'envi ils gravirent les murailles, insensibles aux pierres, au sable bouillant. Sigefroi, un bouclier à la main, les guidait. Le cor du vainqueur eut bientôt appris à Kauzelin, que son mortel ennemi triomphait.

Le premier rempart fut emporté en un instant[8]. Albert, du côté du nord, s'apprêtait à franchir le second; mais la fortune est volage. Sigefroi connaissait son inconstance; et, à l'aspect des tours hérissées de défenseurs, des rochers sur lesquels elles étaient bâties, un pressentiment secret vint glacer son cœur, et ralentit sa course victorieuse.

NOTES

DU CHAPITRE IV.

1. *Les justiciers s'avancent, etc.*

La justice n'était pas fondée sur des lois comme celle des Français; les mœurs étant différentes, la manière de penser et de juger n'était pas la même. Voici ce qu'en dit Munster dans sa *Cosmographie* :

« S'il est question de crime, les conseillers que la ville a esluz vont assis au siége judicial, les malfaiteurs sont amenés liés devant eux, et là est donné congé parler tant aux accusateurs qu'à ceux qui sont là, pour défendre duement leur sentence, non pas selon que les lois en prononcent, lesquelles ils ne connaissent pas, mais selon que la raison les conseille, et que la coutume des jugemens le porte : ce qui est aussi observé en causes civiles, etc.

Et il ajoute plus loin:

Et quant à la justice, elle est administrée presqu'en toute l'Allemagne par gens indoctes. En une chacune ville et village, on élit, pour juger, des hommes de bonne et honnête vie, sans regarder s'ils sont gens savans ou non. (Munster.)

On peut concevoir facilement que, dans ces châteaux, où le seigneur disposait à son gré de la vie des gens, les juges étaient très-portés à complaire à ses volontés; et nous avons, de nos jours des exemples assez frappans de jugemens iniques, pour les supposer au siècle de barbarie.

 2. *L'enfer te réclame.*

Pour s'assurer de la vérité de ces

détails, on peut consulter le *Dictionnaire des Fiefs*, les *Essais historiques* de Saint-Foix; et, *on était pardurablement damné* si l'on ne servait pas bien son seigneur.

La hart était la corde avec laquelle on étranglait les coupables. (*Dictionnaire des Féodalités*, de Plancy.)

> 3. *Les femmes, les enfans se présentent aux portes.*

Pendant que l'ennemi ravageait les campagnes, le seigneur permettait à ses paysans d'entrer dans la cour de son château avec leurs bestiaux, etc. (Voyez le mot *Guet*, *Dictionnaire des Féodalités*.)

> 4. *Les tours de Léon.*

J'ai déjà dit que c'était à Eguisheim qu'était né le pape Léon IX.

> 5. *Les éclats de la foudre.*

Rien n'est beau comme un orage dans les ruines; celui que je décris est peint sur les lieux.

J'étais assis au pied de la tour, dit Ernst dans ses *Mémoires*, quand le tonnerre commença à gronder; les voûtes creuses du château et ces vieilles murailles répétaient d'une manière terrible le roulement de la foudre.

6. *Isenbourg.*

Voyez la note 2 du chapitre 5.

7. *Leudes, Antrustions.*

Synonymes de fidèles ou volontaires, qui suivaient les princes dans leurs entreprises.

8. *Le premier rempart fut emporté en un instant.*

Pour bien comprendre cette narration, il faudrait concevoir comment trois châteaux se trouvaient réunis en un seul, mais cependant séparés les uns des autres par des remparts, auxquels on arrivait par des ponts-levis. On distingue facilement les traces des trois murs qui environnaient Eguisheim.

CHAPITRE V.

—

Cependant , de tous côtés, on combattait avec une ardeur égale les dards, les masses de fer : les quartiers de rocs volaient et renversaient les guerriers. Gorre demeurait inébranlable dans sa position ; Volf, un instant déconcerté, revenait, plus impétueux que jamais, attaquer les assiégeans. Kauzelin courait partout, et semblait être l'âme de ses soldats,

Soudain un cri de joie s'élève parmi les aventuriers. Ludovic a gravi la seconde muraille, Albert

va le rejoindre, le Valenbourg est
à eux. Kauzelin était occupé à repousser le brave Etelred, quand il
entend son mortel ennemi appeler
ses compagnons d'armes : Du courage, cher Volf, je suis à toi dans
l'instant. Il jette sa hache sur son
épaule, s'élance du pont du Dagsbourg aux créneaux de Valenbourg,
et, plus prompt que la tempête,
vient fondre sur les vainqueurs.

— A Kauzelin, crie Ludovic!
hâtez-vous, mes amis, c'est Kauzelin! En disant ces mots, le varlet
décharge un coup de son épée sur
la tête du châtelain. Celui-ci en est
étourdi; Ludovic frappe encore
son odieux adversaire; mais Kauzelin se rassure, oppose son bouclier à l'épée du jeune homme, et,
du revers de sa hache, brise en éclats

le cimier de son casque. Si le vaillant Albert n'eût arrêté le bras du comte, c'en était fait de Ludovic.— Ton tour viendra, ne t'inquiète pas, s'écrie Kauzelin; mais ton protégé doit te précéder dans l'enfer. Il dit, et écartant l'illustre paladin, il fond impétueusement sur le varlet, fait voler en pièces son armure, le contraint à reculer et le précipite des créneaux.—Victoire! le perfide n'est plus.

Albert, qui voit son jeune ami victime de sa vaillance, et ses guerriers, incertains s'ils le suivront sur les remparts, devient tel qu'un lion échappé de sa prison. Il moissonne les satellites du comte, il le provoque lui-même. — Tu ne m'échapperas pas, bel efféminé, lui dit le barbare, viens si tu l'oses;

pour moi, je n'irai pas te chercher.

L'épée du chevalier étincelle sur le bouclier de son rival ; il lutte avec adresse, il évite légèrement les atteintes de la hache meurtrière. — Lâche ! lui dit encore Kauzelin, tu ne sais combattre que comme un maître d'escrime ; je m'ennuie de tes vaines parades, et c'est ainsi que je punis des téméraires tels que toi. A ces paroles, le bras du châtelain siffle deux ou trois fois, en décrivant un cercle ; et la pesante hache tombe avec fracas sur la tête d'Albert. Le sang jaillit de sa blessure, il chancelle en poussant un soupir de douleur ; et Kauzelin, le traînant au bord des remparts : Braves chevaliers ! dit-il aux aventuriers, voici votre chef que je vous renvoie. Déjà loin de Valenbourg, le féroce châtelain égorge les soldats de Sigefroi.

En vain le comte d'Isenbourg déploie toutes ses forces et tout l'art militaire qu'il a montré dans tant de batailles, où les succès couronnèrent toujours sa vaillance ; il voit bien que l'attaque est impossible : Va, dit-il à Stolff, annonce au duc Albert que j'abandonne le Dagsbourg, que c'est tenter une entreprise périlleuse, et qu'il doit faire sonner la retraite. Au même instant, on lui rapporte qu'Albert a cessé de vivre, et que Ludovic est expirant. A cette nouvelle, le cœur de Sigefroi se déchire : Nous nous reverrons, crie-t-il à Kauzelin, et ce sera trop tôt pour ton malheur !

La trompette donne le signal. Les assiégeans s'éloignent du château, un silence effrayant accompagne cette troupe nombreuse. Sigefroi donne de sages conseils, il commande une exacte vigilance, il fait placer des gardes sur les hauteurs; enfin, quand il a rempli son devoir de chef, il se livre tout entier à sa douleur, et vole à la tente de son neveu, où les Mires désespéraient de le sauver. Gottfried est appuyé sur son chevet; il pleure et prie tout à la fois. Roger, Lienhardt, Nill, se tiennent consternés près du comte. — Il faut partir, dit Sigefroi, retournons à Isenbourg!

La nuit s'approchait; on place Ludovic dans une litière. Les chevaliers l'entourent, le comte et le ménestrel suivent à pas lents. Etelred est chargé de protéger leur marche, et dirige le reste des guerriers.

Quand on fut arrivé au milieu de la forêt qui avoisine Eguisheim et Hattstatt, Ludovic parut reprendre connaissance; il cherchait d'un œil égaré quelqu'un ; il aperçut Gottfried.—Ah! mon père! Valentine, Valentine est perdue! et il retomba sans connaissance.—Nous la retrouverons, lui dit à voix basse le ménestrel. On allait doucement et sans bruit Ce cortége militaire et funèbre avait quelque chose d'imposant, au sein d'une noire forêt, au milieu du silence et de la solitude : le ciel était sombre, les vents grondaient dans la montagne.

Tout à coup des clameurs épouvantables retentissent et roulent d'échos en échos. Un choc de boucliers et de sabres succède à la tranquille horreur de ces lieux : Point de quartier, tuons, massacrons ! C'était Kauzelin, c'était sa troupe, trop bien avertis des projets de leurs ennemis.

En un instant, Etelred et ses soldats ont mordu la poussière : les uns fuient épouvantés ; les autres expirent sous le fer des assaillans. Ludovic, entraîné dans la déroute, est renversé tout sanglant. Sigefroi, percé de coups, appelant ses compagnons dispersés, gagne la plaine ; Gottfried erre d'un autre côté dans les rochers ; et Kauzelin, ivre de sa victoire, reprend aussitôt le chemin d'Eguisheim, et rentre dans son castel, où, le reste de la nuit, il célèbre, avec ses guerriers, son indigne triomphe.

Quand l'aurore vint chasser la sombre obscurité de la forêt, on put voir le carnage affreux des braves d'Isenbourg.

La terre était jonchée de cadavres; des armes fracassées, des membres épars étaient les seuls restes de cette troupe glorieuse, qui, la veille, défiait les plus fiers paladins, et voulait mettre Eguisheim en poudre. Ainsi la fortune inconstante se joue des faibles humains; ainsi le roi d'un jour devient sujet le lendemain, et l'esclave va s'asseoir sur la pourpre de son maître. Mais que faisait alors Sigefroi ? Où fuyait Gottfried ?

Sigefroi, incertain s'il devait abandonner son neveu, flottait entre le désespoir et le dessein de faire face à l'adversité, quand un Serf l'aperçut tout pâle et sanglant qu'il était. — Noble comte, lui dit-il, fiez-vous au fidèle Ernst; vous n'avez plus la force de marcher: montez dans ma charrette, je serai bientôt à Isenbourg.

Ernst dit et place le seigneur sur un lit de paille fraîche; il visite ses blessures et ne les trouve pas dangereuses: O mon cher maître! que je bénis le ciel de vous avoir sauvé des bras du mauvais châtelain! L'équipage rustique avait déjà passé la montée de Hattstatt, quand le villain aperçut de loin quelque chose de remarquable; il fit signe à Sigefroi, et celui-ci donna ordre de hâter le pas des bœufs. Ce qu'Ernst avait vu, ce que Sigefroi observait: c'était Gottfried qui, malgré sa faiblesse, portait sur ses épaules le mourant Ludovic. Ce dernier avait repris connaissance: la fraîcheur de la nuit l'avait ranimé: — Encore un peu de patience, mon cher maître, redisait le ménestrel ; nous nous assiérons là-bas sous le grand chêne, et puis nous serons bientôt arrivés.

Rien n'était plus touchant que ce vieillard, en robe longue, la harpe à son côté, et soutenant sur son dos tremblant un jeune guerrier, que la mort réclamait.

C'est lui ! c'est Ludovic ! c'est Gottfried ! s'écria Sigefroi. O mon père! tu me rends la vie! Le comte embrassait tendrement le généreux Ménestrel. Ernst a raconté depuis cette scène touchante à ses enfans. Jamais, a-t-il dit, il ne pleura comme ce jour. La reconnaissance de ces trois hommes, également illustres et chers à leurs concitoyens; les expressions d'amour, de bonté, de gratitude, qu'ils employaient; tout allait à l'âme.

Ils mirent Ludovic dans la voiture du serf; Sigefroi marchait à côté, soutenu par Gottfried; et Ernst regardait tout cela en se disant à lui-même: Ah! si tous les grands étaient aussi vertueux, il n'y aurait pas tant d'hommes infortunés sur la terre!

Une heure après, on aperçut l'ombre des créneaux d'Isenbourg et Rouffach [1] qui est au bas du château. Le cor de la sentinelle annonça leur arrivée.

Il fallait voir la douleur des preux que le comte avait laissés à la garde du manoir ; leur désespoir, à l'aspect de Sigefroi blessé, de son neveu pâle et sanglant, du ménestrel accablé de fatigue ; et puis, rien que ces trois personnages. La belle troupe d'Etelred, les aventuriers d'Albert : tout avait disparu. — Hélas ! mes amis, leur dit Sigefroi, nous avons été victimes de notre courage, nos frères sont tombés ; mais un jour nous réparerons notre honneur. En parlant ainsi, ce héros avait les larmes aux yeux ; il entre dans le donjon, où sa fille l'attendait. On porta Ludovic dans sa chambre même, car il ne voulait pas le quitter. Les secours les plus tendres furent prodigués à cet infortuné: la jeune Iseult ne quitta point son père et son cousin. Sa main légère appliquait elle-même les simples sur la poitrine blessée de ce jeune guerrier. Quelle était belle dans ce soin de l'amour filial, au milieu de la nuit, éclairée par une lampe funèbre; épiant les gestes, les moindres signes de son père, de Ludovic; attentive à leur porter les remèdes prescrits par le Mire; s'arrêtant quelquefois à regarder son cousin, dont le beau visage, pâle et flétri par les douleurs, conservait cependant la douceur et la grâce!—Je soignerai Ludovic, disait Gottfried qui voyait avec peine le plaisir d'Iseult à contempler le varlet. O noble damoiselle! c'est assez de votre père: à votre âge, on n'a point la force de veiller si longtemps ! — Mais non, ménestrel, vous leur chanterez quand il fera jour : maintenant laissez-moi seule. Gottfried n'osait résister ; mais en secouant la tête : Il n'arrivera rien de bon, se dit-il ; allons chercher Valentine. Nous les reverrons bientôt : en attendant, restons avec Iseult.

Son père s'était endormi. Ludovic paraissait plus calme : la lampe à la main, la jeune châtelaine allait de l'un à l'autre, écoutant, observant. Tout le castel était silencieux, la lune donnait sur les vitraux colorés du donjon. Dans ce moment, Iseult se rapproche de Ludovic, elle le considère avec une tendresse qu'elle veut vainement se déguiser : Qu'il doit être aimable ! pensa-t-elle : oh ! que l'amie de son cœur est heureuse ! Elle n'a pas achevé, que Ludovic se réveille ; il tend les bras vers Iseult, il lui serre la main avec toute l'expression de l'amour. L'innocente châtelaine frémit de joie : — Calmez-vous, cher Ludovic ! demeurez tranquille : vous allez mieux, beaucoup mieux. — N'est-ce pas ? répondit le Varlet ; c'est toi, ce sont tes yeux qui me rendent la vie. Ah ! si je ne t'avais vue, je serais sans doute déjà mort ; mais te voilà, et je vivrai pour t'aimer.

Iseult, dans le désordre d'un amour naissant, qui n'ose croire ce qu'elle entend, qui voudrait cacher son trouble, applique un doux baiser sur la bouche du malade. — Et moi, je t'aime aussi, lui dit-elle avec ingénuité ; dors maintenant, mon bien-aimé ! je suis ici, je veillerai sur toi.

Livrée à ses réflexions, bercée d'amour et d'espérance, la pauvre Iseult se formait mille images plus charmantes l'une que l'autre. Elle restait souvent en esclave devant Ludovic. Hélas! elle n'avait pas encore aimé, c'était pour la première fois qu'elle sentait les soucis d'amour; mais elle se croyait heureuse. La joie de l'homme est bien vaine et passe plus vite que le temps.

Disons encore, avant de quitter Isenbourg, que Sigefroi et Ludovic, grâce au zèle d'Iseult, furent bientôt en état de marcher ; que l'amour de cette dernière augmenta sans cesse ; mais que Ludovic, revenu de son délire, ne lui serrait plus la main, ne lui promettait plus de l'aimer toujours, et qu'il arriva bien souvent que cette jeune amante pleura de regrets en voyant l'indifférence de son cousin.

Le soir même qu'Iseult avait, pour la première fois, veillé Ludovic, le ménestrel était allé à la recherche de Valentine. Il se reprochait le temps qu'il avait mis devant Eguisheim, il s'accusait de sa lenteur; et cependant il n'avait pu agir autrement. Sa présence fut toujours nécessaire : on lui pardonnera donc s'il a, en quelque sorte, manqué à son devoir, en abandonnant une jeune fille qui se fiait en sa promesse, et risquait ainsi, seule avec ses charmes et sa faiblesse, de tomber dans les mains des seigneurs voisins qui n'avaient pas pitié de la pudeur. Bien des événemens s'étaient passés depuis l'heure où Valentine et Berthe avaient quitté Eguisheim ; bien des alarmes s'étaient préparées pour Ludovic.

Quand les deux fugitives furent arrivées dans la forêt qui est au pied du château, elles s'embrassèrent du plaisir de se voir à l'abri de Kauzelin. Mais bientôt : Qu'allons-nous devenir, dit Valentine, je n'ai jamais parcouru seule ces lieux : nous risquons de nous égarer, d'aller tomber devant quelque châtellenie, où l'on nous rançonnera. O ma bonne Berthe ! réponds, que ferons-nous ? — Madame, le ménestrel qui nous protége ne tardera pas à venir ; il nous a dit de l'attendre dans ce creux, près de

Marbach : lorsqu'il promet, il tient sa promesse ; attendons-le sous ces arbres : prions le ciel d'avoir pitié de nous ; que pouvons-nous craindre ici ? Ecoutez...On n'entend rien ; jamais personne n'a troublé cette forêt. En parlant ainsi, Berthe tremblait comme sa maîtresse, et toutes deux voulaient s'encourager. — Berthe ! je n'ose penser à mon avenir ! mon Dieu ! je suis perdue, si mon père vient à me découvrir ; et que dira-t-on de moi, qui erre ainsi à la merci des félons chevaliers. — Consolez-vous, Madame : Dieu est bon et vous secourra, et j'ai, d'ailleurs, trop de confiance en Gottfried, pour qu'il nous ait oubliés : Mais qu'entends-je ! ô sainte mère du Sauveur ! n'est-ce pas la trompette ? des cris ! des commandemens! Miséricorde! nous sommes mortes : sauvons-nous! sauvons-nous !

Berthe entraîne sa maîtresse. Les voilà qui descendent la montagne, au milieu des rochers, des mousses et des épines. De-là, on pouvait voir les tours d'Eguisheim.

— Regardez, Madame : ce sont des ennemis. Le château est en armes, les créneaux sont couverts de soldats : regardez, voilà les chevaliers qui s'avancent de ce côté. Hâtons-nous de nous enfuir!

Valentine suit la téméraire Berthe. Déjà elles ne distinguent plus le château d'Eguisheim, elles entrent dans un creux de montagne; mais là, leurs craintes augmentent avec la réalité du danger. Le tintement des cloches de Marbach les avertit du péril qu'elles courent. Dans ce temps, les moines des couvens, comme les châtelains des donjons, avaient droit de seigneurs sur les passagers ; ils portaient la lance et l'épée, ainsi que les laïques[3], et jouissaient de tous les priviléges de l'homme.

NOTES

DU CHAPITRE V.

1. *Rouffac et Isenbourg.*

Rouffac est une très-ancienne ville d'Alsace, bâtie par les Romains, la seconde année de la 235º. olympiade, l'an 914, depuis la fondation de la ville de Rome, au temps que Junius Rusticus et Aquilinus étaient consuls, sous l'empire de Marcus Antonius, et Lucius Verus son frère, l'an de Jésus-Christ 164. On dit que le nom de *Rubeacum* lui vient d'un petit fleuve qui coule dans la vallée de St.-Georges près du bourg de Sultzmatt, nommé aujourd'hui l'*Ombach*. *Rubeacum* signifie *ville d'eau rouge*, à cause que cet Ombach passait par un conduit d'une espèce de pierre rouge.

Cette ville a été bâtie magnifiquement, et a été longuement la retraite de la noblesse romaine, qui y a habité près de 500 ans. Quand les Français, au temps du royaume d'Austrasie, occupèrent le pays d'Alsace, Dagobert II, tenant Rouffac, édifia un château dedans la même ville, l'an de Jésus-Christ 613, lequel fut appelé *Isenbourg*, c'est à dire, *bourg de fer*, à cause de la grande masse de pierres qui s'y trouvent.

Dagobert faisant son séjour dans son palais d'Isenbourg, Sigebert son fils alla se divertir dans la forêt d'Ebersmunster, où il fut renversé, grièvement blessé par un sanglier. Arbogaste, Ecossais de naissance et évêque de Strasbourg, vint au palais où, ayant passé la nuit en prières, le seigneur rendit la vie et la santé à Sigebert. Aussi Dagobert, en reconnaissance, gratifia l'Eglise de Strasbourg de ses meilleures terres, lui donna Rouffac, Isenbourg et trente-deux villages. Voilà comment l'évêque de Strasbourg fut suzerain de cette partie de la haute Alsace. *Voyez* Munster, Laquille, Schœpflin.

Isenburgum palatium ab Iside sub Romanis ibi cultâ nomen accepisse vetus traditio. Idem Isidis nomen nonnullos Alsatiæ rerum scriptores induxit, ut Isenburgum antiquissimam apud Rufacum oppidum arcem, monti impositam, à Dagoberto rege extructam, nomen hoc accepisse crederent, quod Isis dea in eo colle antiquitùs culta fuerit. (Conradi Pellicani et Volfhardi descriptio Rubaci oppidi apud Sebast. Munsterum, Cosmogr. lib. 3, cap. 129, pag. 545.) Ichtersheim, in Topographiâ Alsatiæ, pag. 27.

2. *Ils portaient la lance et l'épée.*

Les abbés maniaient la féraille, dit Colin de Plancy, *Dictionnaire des Féodalités*, au mot *Abbayes*.

CHAPITRE VI.

Marbach est grand et occupe un espace considérable avec ses longs murs de granit. Valentine et sa compagne en étaient assez éloignées, quand les pas d'un coursier, qui foulait les feuilles sèches, abattues par l'automne, vinrent frapper leurs oreilles.

Elles se cachent derrière un rocher. Le bruit redouble, le voyageur approche; c'était un moine de l'abbaye, qui revenait d'une expédition, et traversait le bois, pour éviter les combattans d'Eguisheim. Il était jeune et frais, sa robe était d'une bure grise ; un casque de fer couvrait sa tête, et son capuchon était rabattu par derrière; au pommeau de sa selle pendait une hache, et un bréviaire était attaché à sa ceinture. Il chantait :

> Je ne fais rien,
> Je mange bien ;
> C'est ma philosophie.
> Et puis l'amour,
> Dans ce séjour,
> Vient embellir ma vie.
> Quand le bon vin,
> Soir et matin,
> Humecte mes entrailles,
> Que me font à moi,
> Plus content qu'un roi,
> Les grands et leurs batailles?
> Si c'est leur plaisir,
> Qu'ils aillent mourir
> Pour une ombre de gloire ;
> Moi, je suis heureux,
> En bornant mes vœux
> A rire, aimer et boire.

La solitude répétait ses paroles.
— Ma foi, dit-il, ce lieu est divin pour se reposer. Arrête, mon camarade : allons, Schimmel, tu vas prendre ta collation avec moi.

Là-dessus, le frère sauta de cheval sur la bruyère, tira de sa valise une bouteille de vin de Turckem[1], et, s'étant assis sur une pierre : A la santé de l'automne, s'écria-t-il; à ta santé, Schimmel.....
Mais que vois-je !

Il avait aperçu Valentine.—Ah ! quelle est cette nymphe mystérieuse ? Par St.-Valentin, la belle, vous allez sur l'heure me payer mes droits.

Il dit et court après la damoiselle. — Face à l'ennemi, cria Berthe, les poings fermés, ne la touchez pas, saint père : c'est la fille du comte Kauzelin, possesseur de ces triples tours qui vous dominent.

— Eh! quand ce serait la fille du pape, je me moque de Kauzelin comme de toi; et, puisque tu m'irrites, je vais te conduire à notre sommelier, qui saura bien te dérider. J'use de mes droits, ma bonne mère : cet agneau-ci sera d'abord pour moi, comme chacun fait, car c'est ainsi que nous pousse la nature; ensuite, j'en ferai cadeau au supérieur! Oh! c'est un digne homme! A ces mots, le méchant entraînait Valentine vers son coursier. — Montez avec moi, belle damoiselle; nous sommes de tendres compères au couvent. — Laissez-moi! laissez-moi! disait Valentine en se débattant. — De gré ou de force, je t'aurai, rebelle beauté! Et le moine, sans égard pour le sexe qu'il outrage, attache Valentine et sa compagne sur son palefroi. — On sonne les vêpres, mes bonnes dames, dans un moment vous serez au royaume des plaisirs. Le frère dit et pousse Schimmel devant lui. — Ne criez pas tant, et surtout toi, vieille sorcière: c'est inutile.

Mais un chevalier couvert d'armes luisantes arrête le moine et lui barre le passage. — Tu es mort, si ces dames ne sont à l'instant délivrées. A la vue de la redoutable lance que le paladin baisse sur lui, le moine intimidé ne répond pas, il s'empresse de couper les liens qui retenaient ses deux prisonnières, et pique des deux.

Le guerrier inconnu secourt Valentine, qui avait perdu connaissance. — Je jure, sur l'honneur, de vous protéger, nobles dames; et mon épée comme mon cœur seront toujours à votre service! La belle figure de Valentine captivait le chevalier; il la considérait attentivement à travers son ventail : — Puis-je vous être utile? il n'est rien qu'on ne fasse pour des yeux tels que les vôtres, Madame.—Beau sire, repartit Berthe, à qui ce discours ne s'adressait pas, ma maîtresse est d'un sang illustre; elle est malheureuse, menacée par des félons: secourez-la, ayez pitié d'elle, et de celle qui lui sert de mère.

Hugo, tel était le nom de ce preux, s'applaudit d'avoir pu les sauver ; il s'offrit de les conduire partout où elles désireraient aller. — Ah ! magnanime seigneur, une fois à Isenbourg, nous ne craindrions plus rien. — Eh quoi ! vous seriez peut-être ?... — La fille de Kauzelin, s'écria Valentine avec horreur, qu'il a voulu assassiner, qu'un vieillard a délivrée, et qui n'a plus que vous pour soutien. — Ah ! bénie soit la Providence qui m'envoie vers vous ; je suis du nombre des combattans qui vont assiéger Eguisheim : je suis libre dans les batailles, et je puis à l'instant vous guider à Isenbourg. Montez sur mon destrier, Madame, ne craignez rien : nous serons bientôt au lieu de votre délivrance. Hugo disait et regardait Valentine avec des yeux d'amour ; il avait relevé sa visière, son front était beau, ses traits mâles et guerriers. Une moustache noire donnait à sa physionomie une expression martiale; tout annonçait en lui un puissant chevalier : sa cotte d'armes bronzée, son panache rouge, sa ceinture de même couleur, sa lance dorée, son écu sablé d'or et d'azur, disaient assez qu'il était aussi noble que vaillant, aussi puissant que courtois. — Ah sire ! dit Valentine, vos bontés seront toujours gravées dans mon cœur, je me rappelerai sans cesse votre générosité. — Eh ! qu'est-ce donc que ce faible témoignage d'un servant d'amour, près de ce que je voudrais faire pour vous. Valentine était sensible; tout lui parlait en faveur de Hugo : et pourquoi ne l'aurait-elle

pas aimé ? rien ne l'enchaînait à
Ludovic ; il est vrai qu'elle l'aimait,
mais combien Hugo est charmant !
Cependant Ludovic l'avait sauvée
du trépas ; et cette idée, le souvenir
de ce tendre varlet qui faisait sa
seule joie au château, revenait
troubler le plaisir qu'elle avait à
écouter son galant protecteur. Dans
ce temps, on connaissait encore la
fidélité, et la fidélité était une
vertu ; aussi Valentine combattait
la nouvelle passion qui assiégeait
son âme, et tâchait de voir dans
Hugo, son amant Ludovic. Quant
au paladin, il avait constamment
les regards attachés sur la damoiselle ; l'amour se peignait dans ses
yeux, il semblait lui dire : O mie
charmante ! je veux mourir pour
toi, mais paie ton amant du salaire
de l'amitié.

L'orage les surprit dans un ravin, ils s'abritèrent sous des rochers; et là, Hugo serré contre la belle châtelaine, à la lueur des éclairs, au milieu du fracas des foudres, osa lui avouer son amour, et lui jura une éternelle tendresse. Il avait pour témoins de ses sermens les forêts embrasés, et les tonnerres qui sillonnaient les airs; Dieu les entendait : O Valentine! dit tout bas Hugo, dites-moi que vous m'aimez; un seul aveu, et je serai le plus heureux des mortels.

Ivre d'amour, égarée par tout ce qui frappait son imagination, Valentine oublia Ludovic : Vous l'emportez, comte; oui, vous êtes le premier... oui, je vous aime! A peine, avait-elle prononcé ces mots que le ciel s'entr'ouvre, la foudre tombe en éclats épouvantables sur un chêne voisin; et Valentine, éperdue, demeure sans connaissance dans les bras du guerrier.

Berthe, qui n'osait souffler, tant elle craignait les orages, ne vit rien, n'entendit rien; pendant ce temps, Hugo eut tout le loisir de respirer l'haleine amoureuse de Valentine : il la tenait contre son cœur, sa bouche collée contre la sienne; elle revint à la vie, et ce fut trop tard : le premier baiser était donné, elle avait bu tout le délire de l'amour sur les lèvres de son vainqueur.—O mon amie! lui dit Hugo, que je bénis cet orage ! c'est à lui que je dois ton aveu.

Valentine, confuse, ne répondit rien; elle se rappela Ludovic, son infidélité ; et des larmes amères coulèrent de ses beaux yeux. Hugo s'en aperçut. — Eh quoi! ma bien-aimée, tu pleures quand je te promets de te chérir toujours! Valentine lui jeta un coup-d'œil mélancolique. — Ecoute, dit-elle au guerrier dans son trouble, dans son désordre ; j'aimais un autre que toi, mais je ne lui parlais jamais; tu es beau, aimable, je te préfère à ton rival, et mon cœur est à toi.

Un tel aveu transporte Hugo : il se met à genoux devant la damoiselle éperdue, et, plaçant son épée dans la main de cette jeune vierge : Tu me l'enfonceras dans le cœur quand je t'oublierai.

Berthe, revenue de sa terreur, entend ces paroles: Eh! que faites-vous, seigneur, ma maîtresse ne vous appartient pas. — Le sais-tu? demanda Valentine. Berthe se tut et soupira. — Nous n'irons pas à Isenbourg, ô ma bien-aimée! c'est à Colmar que je veux obtenir ta main. L'empereur s'y trouve maintenant, et il m'a témoigné souvent son estime et sa bienveillance. — A Colmar! reprit Valentine; elle pensait involontairement combien elle serait séparée de Ludovic : — Nous y serons demain quand le soleil se levera au-dessus des forêts de Sainte-Croix. — Vous m'abandonnez donc, Madame, s'écria Berthe désolée; une fois l'épouse d'un seigneur, vous ne penserez plus à moi.

Hugo lui dit avec douceur : On n'oublie pas ses amis parce que l'on devient puissant; tout le monde n'est pas ingrat. J'ai passé une nuit dans la même retraite que vous,

Berthe, et je m'en souviendrai longtemps.

Valentine n'était plus la timide et pudique amante de Ludovic; un jour l'avait changée : elle paraissait hors d'elle même, ses regards étaient fixes, elle était dans un délire intérieur; mais elle dévorait tout cela, et souriait à sa compagne et au paladin qui aspirait à sa main. L'orage se dissipa avec la nuit, le soleil vint sécher les herbes humides, et de tous côtés on entendait les arbres secouer les perles qui couvraient leurs feuilles flétries. — Partons, dit Hugo, il aida la damoiselle à monter sur son coursier, et il la menait lentement à travers les rochers, Berthe marchant à côté. — Nous serons bientôt dans la plaine, bientôt la route sera meilleure ; il disait, mais Valentine ne l'écoutait pas : elle baissait la tête, tout entière à Ludovic qu'elle avait trahi. — Peut être m'aime-t-il encore, peut être songe-t-il à moi dans ce moment ; oh ! sans doute il m'est fidèle : et moi, je l'abandonne !

Dans ces pensées, une résolution naît dans son âme, elle est hardie, prompte, décisive. Valentine paraît agitée ; Hugo la questionne. — Rassure-toi, ma douce amie, nous n'avons rien à craindre. — Si j'ai des droits sur vous, comme possédant votre cœur, lui dit Valentine d'une voix altière, je veux sur-le-champ être obéie ; montez sur ce destrier, baissez votre visière, et.... retournez d'où vous êtes venu. Je vous aimerai toujours,

Hugo, mais je ne veux plus vous voir.

A ces mots, la fille de Kauzelin a quitté son coursier. — Montez, comte, et partez, je réclame ce devoir au nom de l'honneur. — Eh! que deviendrez-vous? répond Hugo stupéfait. — Que vous importe? je veux être obéie, je vous l'ai déclaré. Le guerrier ne sait s'il doit croire ce qu'il entend : est-ce là cette sensible Valentine, qui tout à l'heure lui parlait avec tant d'amour? — Madame, poursuit Hugo, j'ai pour vous manqué à mon devoir, et je ne m'en repens pas; vous devez-vous rappeler vos promesses, la nuit confidente de nos sermens : je vous aime trop cependant pour vous désobéir; dès que je vous suis odieux, je ne veux pas vous importuner par ma présence: si c'est votre volonté décisive, je m'éloigne, mais c'est avec douleur. Vous m'avez blessé d'un trait plus mortel que les flèches de nos guerriers : j'emporte, en vous quittant, l'image de Valentine, de celle qui m'avait promis de m'aimer, et qui maintenant ne m'écoute plus : je ne connais pas vos raisons pour me bannir de votre présence, je ne désire pas les connaître ; quelles qu'elles soient, je me retire : puissiez-vous trouver beaucoup de défenseurs aussi dévoués que moi pour votre cause ! Il est vrai que vos beaux yeux vous conquêteront tous les cœurs ; mais jamais ils ne seront aussi fidèles que le mien, dont vous serez toujours le plus cher souvenir. Adieu, Madame, je vais où

m'attendent les combats ; j'espère
y mourir : ce sera terminer bien
des maux, et mettre fin à un amour
qui ne s'éteindra qu'avec ma vie.

Hugo resta un moment à cheval
à contempler l'ingrate châtelaine,
puis il s'éloigna lentement, se tourna quelquefois pour la revoir encore. Elle avait disparu.

Valentine, qui soutenait avec tant
de fermeté sa passion, n'eut pas
plutôt perdu de vue le paladin,
qu'elle succomba. Berthe la secourut.— Ah! Madame, qu'une faute
est difficile à réparer! — Mais, du
moins, vous triomphez. — Il est
parti, répétait Valentine avec l'accent du plus profond désespoir,
et sans doute c'est pour jamais. Si
tu savais, ma chère Berthe, comme
je l'aime! ô Ludovic! il fallait ton

souvenir pour que j'aie pu me résoudre à fuir mon cher Hugo ! Elle pleurait, et ses larmes coulaient abondamment sur la bruyère.
— Vous vous repentez, Madame, et moi, je ne puis que vous applaudir ; soyez sûre que Dieu ne vous abandonnera pas. Votre vertu mérite une récompense : je suis certaine que vous trouverez Ludovic, un jour. — Mais jusqu'à ce jour, je serai donc une malheureuse exilée? j'errerai sans savoir où reposer ma tête, luttant avec la misère, en proie aux séductions?... O mon père ! que t'ai-je donc fait pour me réduire à tant de chagrins ! Mais je ne devais pas l'abandonner ! il m'aurait poignardée !... eh ! du moins, je n'aurais rien à me reprocher. Vois un peu dans quelle si-

tuation je me trouve : je n'ose retourner vers mon père, car ne suis-je pas cause, et du siége qu'on fait à Eguisheim, et de tous les ennuis qui le tourmentent? Je ne puis me présenter nulle part, sans encourir des outrages. Un homme généreux venait à mon secours, il m'offrait ses services ; eh bien! je l'ai renvoyé...., et pourquoi ? pour pleurer seule ; car, si j'en crois mon pressentiment, Ludovic aura péri au château. L'absence de Gottfried m'annonce de grands malheurs !... Va, pauvre Berthe, il n'y a pas à douter que nous ne verrons plus le ménestrel ; Kauzelin l'aura frappé comme les autres. Je n'ai plus qu'à mourir ou à devenir esclave ; moi esclave, moi, fille des comtes d'Eguisheim et de Dagsbourg; moi qui pouvais dédaigner les plus illustres seigneurs de l'Alsace ! il ne me reste que toi ; toi seule ne m'a pas délaissée.

Ainsi Valentine se désespérait ; et, quand elle se rappelait les baisers de Hugo, ses sermens, son amour, une nouvelle douleur augmentait ses regrets ; et elle restait souvent appuyée contre un sapin à sangloter.

En errant ainsi tout le jour, elles étaient parvenues vers Geberschvir [2]. Toute cette partie de l'Alsace n'est que forêts et rochers. La nature leur fournissait des mûres sauvages, qui croissent en buissons épais, et présentent une haie de fruits rouges et noirs.

—N'êtes-vous pas plus contente, Madame, maintenant sans espérance, que ce matin avec les promesses flatteuses de ce chevalier ? La paix du cœur, voilà le vrai bonheur ! Eh bien, si l'on n'est pas riche, si l'on a des peines, on supporte plus gaiement tout cela.

— C'est très-bien raisonner, cria une voix farouche du haut d'un rocher élevé. Berthe se serra contre Valentine. — Me voici ! me voici !

Valentine chercha à distinguer qui parlait ainsi ; de tout loin elle aperçut un homme dont elle connaissait la stature, le maintien. — Il y a long-temps que je vous cherche ; mais, enfin, je vous ai découvertes. Valentine et sa vieille compagne s'enfuyaient, peu rassurées par ces discours : étant arrivées sur la lisière du bois, elles regardèrent encore derrière elles : le même homme les poursuivait. Le vent écarta son manteau, toutes deux à la fois s'écrièrent : C'est Kauzelin ! Déjà il allait les rejoindre; mais un chevalier parut de l'autre côté et l'arrêta avec sa lance. En même temps des vilains, apercevant cette scène et jugeant, à la figure du châtelain, qu'il était un ravisseur de femmes, appelèrent du secours avec leur trompe. Le village n'était pas éloigné; en un instant on vit arriver une bande de montagnards: tous fondirent à la fois sur Kauzelin que le chevalier avait renversé de ses arçons. Cependant Valentine et Berthe s'étaient réfugiées dans une cabane voisine.
